世界の力関係がわかる本　帝国・大戦・核抑止

千々和泰明　Chijiwa Yasuaki

★──ちくまプリマー新書

492

はじめに

住宅街の平穏な日常を突然切り裂いて飛んでくるミサイル。敵軍兵士の前に立ちはだかるおばあさん。肉親の死に嘆き悲しむ人びと――。

二〇二二年、ロシアがウクライナへの侵略を開始しました。これに対しウクライナは抵抗を続け、アメリカなどの西側がウクライナの抵抗を支援してきました。しかしロシアはウクライナ東部・南部を占領したまま出ていこうとしておらず、先行きはみえない状況です。

中東では二〇二三年、イスラエルと敵対するパレスチナ人武装組織「ハマス」がテロをおこなったのをきっかけに、イスラエル軍がパレスチナ人の住むガザに侵攻しました。イスラエルはパレスチナ側にやりすぎといえる反撃を加えており、多くの民間人が犠牲になっています。

遠い東ヨーロッパや中東だけでなく、わたしたちが住む日本の周りも、一昔前ほど安全とはいえなくなってきています。中国が遠くない将来に台湾に侵攻するのではないか、ともいわれていますし、北朝鮮も日本の周辺でミサイルの発射を繰り返しています。東アジアを包む不穏な空気が、下手をすると戦争にならないともかぎりません。

このような世界や地域の動きをニュースで見て、何も感じないという人はいないでしょう。口に出さなくても、心のなかにさまざまな思いを持つのではないですか。「戦争になる前に話し合いで解決してほしかった」とか。「戦争をとめさせるために、国連（国際連合）がもっとがんばるべき」とか。「核戦争になるのは怖い」とか。

わたしたちが住む世界の国ぐにの力関係によって、平和が保てたり、逆に戦争になったりします。さきほど挙げた戦争や危険に対する思いのどれもが、「世界の力関係がどうなっているのか」を知るための大事な出発点です。

ただ、大事な出発点ではあるのですが、これだけでは正直「感想」にすぎないといえます。せっかく心に浮かんださまざまな大事な思いを、「それってあなたのカンソウですよね？」で終わらされてしまうのはもったいない。そこからさらに一歩踏み込んで、「どうして戦争が起こってしまうのか」「どうして国連ががんばれないのか」「どうして核兵器はなくならないのか」といったことまで考えてみたいですよね。

そこまで考えるのは何だか難しそう……と心配しなくても大丈夫。自分で一から考える必要はありません。過去から現在までのあいだに、世界中の賢人たちが頭をひねって、世界の力関係についてのみるべきポイントをすでにしぼりこんでくれているからです。

この本では、これらのポイントをおさえながら、皆さんが世界の力関係について理解を深めるお手伝いをしたいと思います。

直観に反する理屈――囚人のジレンマ

世界の力関係について理解するといっても、日々起こる出来事を漫然とながめているだけではとりとめもありません。そこで、「分析のレンズ」の力を借りることになります。

分析のレンズの力を借りることで面白いのは、「わたしたちの直観に反することが、実は理屈としては正しい」と分かることです。このような「直観に反する理屈」を知っておかないと、議論が周回遅れになってしまいます。

たとえば、**「囚人のジレンマ」**というお話があります。ジレンマとは、「板挟み」の意味です。

皆さんの前に、泥棒で捕まった二人の囚人がいるとします。囚人Aと囚人Bは、別々の牢屋《ろうや》に閉じ込められているので、お互いに連絡を取りあうことはできません。ここで取調官が、囚人Aに語りかけました。「お前が犯行についてこのまま黙秘を続けるなら、状況証拠しかないから懲役一年だ。自白すれば、犯行の裏づけになるので、懲役五年になる」。

これでは囚人が自白するはずがありません。そこで、取調官はこう持ちかけます。「ただし、お前の仲間の囚人Bが自白したのに、お前が黙秘したままなら、囚人Bは釈放し、お前には懲役一〇年を科す」。

囚人Aは考えました。自分と仲間の両方にとって一番いいのは、二人とも黙秘して懲役一年ですむことだ。でも、もしBが自白すれば、アイツは無罪放免でオレだけ懲役一〇年になる。自分だけバカをみるわけにはいかない。となると、自白して懲役五年になる方がマシかもしれん。しかも、Bのヤツも、オレが自白するんじゃないかと疑い、オレと同じように「自分だけバカをみるわけにはいかない」と考えるだろう。そうするとアイツが黙秘するとはますます考えにくいぞ。こうなったら仕方ないな……。

こうして囚人Aは自白することを選びました。同じく、囚人Bも自白したそうです。

さて、ここで起こったことを整理しましょう。囚人Aと囚人Bの両方にとってベストな道は、囚人Aがはじめに考えた通り、二人とも黙秘して懲役一年ですむことです。直観的には黙秘が選択されそうな気がしますよね。

しかしここで重要なのは、自分が黙秘したとしても、その結果は自分ではコントロールできず、他人（囚人B）がどうするかに左右されてしまう、ということです。そうすると、自分は黙秘したのに相手が自白して自分だけ懲役一〇年になる、という最悪の結果が起こりうるわけですね。一方、自白すれば、囚人Bが黙秘するか自白するかにかかわらず、懲役五年ですむことは変わりません。

囚人Bも囚人Aと同じことを考えますし、相手が同じことを考えているだろうなとお互いに気づきますので、黙秘を選ぶのはますます危険、ということになります。

こうして二人の囚人は、**「相手を信じて、お互いにとってベストな道をとる」**か、そ

囚人A ＼ 囚人B	黙秘	自白
黙秘	A：懲役1年 B：懲役1年	A：懲役10年 B：釈放
自白	A：釈放 B：懲役10年	A：懲役5年 B：懲役5年

図-1　囚人のジレンマ

れとも「自分だけバカをみるのは避ける」かの選択のなかで板挟み、つまりジレンマに陥り、お互いにとってベストな道があると分かっていながら、結局その道を選べなかったのです。

この理屈を、A国とB国のあいだの国際関係に応用してみましょう。A国とB国がそれぞれ軍備を持つか持たないかを選ぶことができるとき、両国にとってベストな道は、どちらも軍備を持たないことでしょう。しかし、自国は軍備を捨てたのに、相手国は軍備を持つ、というのは困ります。そうすると、結局A国もB国も軍備を捨てることはできなくなります。

「地獄にいたる道のりは、善意で敷きつめられている」

――集合行為問題

「永世中立国」として知られ、平和国家のイメージの強いスイスさえも、実は武装国家です。「バカだなあ。なんで軍備なんか持つの？　みんなで捨てればいいのに」。そう思ったことがある人もいるでしょう。しかし、先ほどのようにA国・B国それぞれの立場に立って考えてみると、両国とも必ずしも愚かな道を選んでいるわけではないことが分かります。むしろ両国の選択は、理にかなっているといってもいいでしょう。

ところが、それぞれの国が理になかった選択をした結果、国際関係全体としてはどちらの国も本来望んでいないはずの「両国ともに軍備を持つ」という結果になってしまいました。**「部分部分による合理的な選択の結果、全体として不合理な結果に陥ってしまう」**のです（このことを専門用語で**「集合行為問題」**といいます）。

一八世紀のイギリスの文学者サミュエル・ジョンソンは、こういう言葉を残しました。「地獄にいたる道のりは、善意で敷きつめられている」と。悪いことばかり考えていると地獄に落ちる、と言うなら分かります。そうではなく、ジョンソンが言うように、各人がよかれと思ってやったことが、本来存在するはずのベストの道以外の結果を招いてしまう。ここに人間社会の難しさがあるのです。

サミュエル・ジョンソン
（1709〜84）
イギリスの文学者

「囚人のジレンマ」などの「直観に反する理屈」は、世界の力関係を理解するうえでとても役に立ちます。この本のなかでは、こういった話を色々と紹介していきたいと思います。

政府がない世界

「でも、囚人のジレンマの話には、別の解決策があるのでは？」と気づいた人は鋭いですね。そうです。「囚人のジレンマ」には実は解決策があります。第三者（取調官以外）が登場し、囚人Aと囚人Bに

「黙秘せよ」と強制することです。A国とB国に対しても、第三者が「軍備を捨てよ」と強制すればいいわけです。

国内では、このような役割を政府が果たしています。たとえば、税金は強制的に徴収されますよね。もし強制されなければ、税金を払わないという人が出てくるでしょう。そして「ほかの人は税金を払わないのに、自分だけ税金を払うのはバカらしい」と、国民全員が考えることになると、税金は一円も集まらなくなってしまいます。すると、ひび割れた道路は放置され、壊れた信号機はそのままになるなど、結果的に国民全員が不便をこうむることになりますね。

そういったことが起こらないように、政府が徴税のための強制力を発揮しているわけです。

問題は、国内で政府にあたる権力が、世界には存在しないことです。世界は**「無政府」**なのです。サッカーの試合で観客が乱闘騒ぎを起こすとアナウンサーが「現場は無政府状態です」などと言いますので、ネガティブなイメージがありますが、この場合の「無政府」にはとくにネガティブな意味はありません。世界には政府がない。その事実を示しているだけです。

「国連が世界政府なんじゃないの?」と思った人がいるかもしれませんが、国連は世界政府ではありません。国連が強制力を発揮できる場面はきわめて限られています(この本の第五章で詳しく説明します)。

では、新しく「世界政府」をつくってしまえばいいのでは? これも簡単にはいきません。たしかにヨーロッパでは、国ぐにが「ヨーロッパ連合」(EU)としてまとまり、お金もユーロに統一しています。しかし、ヨーロッパ以外の地域で同じような動きはみられませんし、EUでも二〇二〇年にイギリスが離脱するといったことが起こっています。現時点では世界政府の樹立には現実味がありません。

また、仮に世界政府ができたとしても、世界政府が「いい政府」である保証はありません。「「世界大統領」の悪口を言うと、秘密警察に逮捕される」といった世の中になったときに、「外国」に逃げることもできなくなります。

世界の力関係は、当分は「無政府」であることを前提にしなければならないのです。

世界の力関係を理解する見取り図として

この本では、世界の力関係を理解するうえでポイントとなるところを章ごとにみていきます。これらのポイントを、皆さんが学校の授業で習う世界史の話と結びつけて考えると、もっと具体的なイメージがわくでしょう。世界の歴史は戦争と平和の繰り返しですから、参考になる例がたくさんあるのです。

第一章では、「歴史のなかで世界の力関係はどう変わってきたか」について、昔の「帝国」と今の「主権国家」のちがいをみておきます。主権というのは、「我が国の主権を守るべきだ！」というときの、あの主権です。

今のような主権国家の世の中になる以前は、歴史のなかで数々の帝国が栄えては滅んでいきました。ところが時代が下ってヨーロッパでは、アジアなどの世界の他の地域とは異なり、帝国の出現は危険だ、とみなされていきます。そこで第二章では、「帝国の出現を防ぐ手立て」である「勢力均衡」という仕組みについて学びます。

第三章から第四章にかけては、「第一次世界大戦と第二次世界大戦はなぜ起こったか」を、「脆弱性《ぜいじゃくせい》による戦争」と「機会主義的戦争」という分析レンズから考えます。「脆弱性による戦争」とは、「積極的に戦争をしたいわけではないけれども、相手に対し手を出さなければ弱みを抱える自分がやられるという恐怖から、戦争に入っていかざるをえない」というかたちで始まる戦争で、第一次世界大戦の発生メカニズムです。

これに対し第二次世界大戦は「機会主義的戦争」、すなわち「チャンス（機会）があれば積極的に攻撃をしかけようとする」かたちで始まった戦争でした。このちがいをおさえておかないと、戦争の防ぎ方もまちがってしまいます。

第五章では、勢力均衡では世界大戦が防げなかったという反省から生まれた「集団安全保障」という仕組みについて学びます。集団安全保障とは、「グループ（集団）全体で侵略をやめさせる」ことです。そのための国際組織が国連なのですが、実際には国連はロシアによるウクライナ侵略をとめることができていません。ここでは「国連がなぜ機能しないか」をみていきます。

第六章「核兵器はなぜなくならないのか」では、「核抑止」という概念について学びます。これは核兵器を事実上使わせなくする方策です。

二〇二四年、日本の被爆者団体である被団協（日本原水爆被害者団体協議会）がノーベル平和賞を受賞したニュースに沸きました。一方、侵略戦争のために核の威嚇を振り回すロシアのような国もあり、核兵器を使わせなくする核抑止に頼らざるをえない現実があります。この章では「直観に反する理屈」がとくに多く出てきます。

さらに、戦争をどう防ぐかだけでなく、第七章で「戦争はどう終わるのか」について考え、相手をコテンパンに叩《たた》きのめすか、妥協するかで悩む「戦争終結のジレンマ」という分析レンズを紹介します。

最後に第八章で、「人類はまた大戦争を引き起こすのか」について考えていきましょう。と言うと脅かしているようですが、簡単に戦争が起こってしまうような世の中にしないためにも、現在の世界の力関係について、わたしたち一人ひとりがしっかりと理解し、考えていくことが大事ですね。そのための見取り図として、この本を使ってもらいたいと思っています。

※この本の内容は著者個人の見解です。著者の所属組織とは関係ありませんので、ご了承ください。

目次 * Contents

はじめに……3

第一章　世界の力関係はどう変わってきたか――帝国と主権……23
「帝国」という語感とのギャップ／東と西の古代帝国／パンデミックで滅びた中世モンゴル帝国／近世アジア四大帝国の時代／ヨーロッパ・アメリカとの逆転／主権とは「スーパー統治権力」のこと／戦争を認めない現代主権国家システム

第二章　帝国の出現を防ぐ手立てとは何か――勢力均衡……47
「フォースに均衡《バランス》をもたらす者」／「ヨーロッパ帝国」はなかった／ナポレオン戦争の衝撃／帝国ができるのを防ぐ勢力均衡／ヨーロッパの「音楽会」／アジア・アフリカに対しては帝国

第三章　世界大戦はなぜ起こったか①――脆弱性による戦争……65

要人暗殺が世界大戦になる不思議／ドイツ建国が崩した力のバランス／お互いの安全が低下する「安全保障のジレンマ」／周辺大国を次々に引きずり込んだ第一次世界大戦／時間にせかされたシュリーフェン計画／弱みがあるから手を出す「脆弱性による戦争」／「巻き込まれ」と「見捨てられ」の「同盟のジレンマ」

第四章 世界大戦はなぜ起こったか②——機会主義的戦争……89
歴史のターニングポイント／ヒトラーの野望／侵略者の言いなりになってはいけない「ミュンヘンの教訓」／チャンスがあれば打って出る「機会主義的戦争」／抑止されなかった日本／「清水の舞台から飛び降りる」

第五章 国連はなぜ機能しないのか——集団安全保障……107
イラクの侵略を撃退／グループ全体で侵略をとめる集団安全保障／勢力均衡と集団安全保障のちがい／第二次世界大戦を防げなかった国際連盟／失敗に

学んだ国際連合／安保理常任理事国の重み／連合国と同じだった国連／アメリカとソ連が対立した冷戦／「ブレーカー」としての拒否権／ＰＫＯという役割／集団安全保障に期待しすぎない

第六章　核兵器はなぜなくならないのか――核抑止……141
人形劇の女の子／核を撃てなくする核抑止／人びとの安全よりも兵器の安全が大切な相互確証破壊／同盟国を守る拡大抑止／守る側と守られる側のデカップリング／限定的な紛争につながりうる「安定・不安定のパラドックス」／拒否的抑止としてのミサイル防衛／「恐怖の拡散」よりも「恐怖の独占」／核軍縮の落とし穴／核兵器を使わせないために

第七章　戦争はどう終わるのか――戦争終結……173
終わりのみえない戦争／戦争終結のジレンマ――「紛争原因の根本的解決」か「妥協的和平」か／「将来の危険」と「現在の犠牲」のバランス／優勢勢

力と劣勢勢力が影響しあう／イギリス・北ベトナムと日本帝国の分かれ目／ロシア・ウクライナ戦争とイスラエル・ガザ紛争の出口／出口戦略の難しさ

第八章　人類はまた大戦争を引き起こすのか……193
アメリカは「世界の警察官」をやめた／帝国の復活？——西のウクライナ、東の台湾／戦争を防ぎ、終わらせるためには／日本は無関係ではいられない

あとがき……203

主要参考文献……207

図表作成　イソダカオリ

第一章　世界の力関係はどう変わってきたか——帝国と主権

「帝国」という語感とのギャップ

歴史の教科書を開くと、その大部分は「帝国の興亡の物語」であったことが分かります。

今から五〇〇〇年くらい前、世界の色々な場所でいくつかの小さな古代文明が生まれました。コメなどの食料の生産が始まったり、ピラミッドのような巨大建造物をチームワークでつくる仕組みが整えられたりした、人間社会の最初の姿ということです。

これらの文明のなかから、やがて大きなまとまりが生じます。そして紀元前三世紀、つまり日本でいう弥生時代にあたる時期、ユーラシア大陸の東と西に、それぞれ巨大な「帝国」が誕生しました。

「世界の力関係」のようなテーマですと、普通は一七世紀あたりのヨーロッパの歴史から話が始まることが多いです。そしていきなり「主権」という概念が登場してきます。

たしかに現在の世界の力関係を理解するうえで主権は基本となる概念です。でも、いきなり「一七世紀ヨーロッパにおける主権の登場」だと、ちょっととっつきにくいですよね。

それよりも、まずはヨーロッパ以外の地域も含む古代からの帝国の歴史をみてから、それとの対比で主権について考えるほうが分かりやすいと思います。ヨーロッパ人ではないわたしたち（少なくともわたし）にとっても、そのほうが素直に理解が進む気がします。

なお、ここでいう帝国とは、必ずしも「皇帝が治める国」とはかぎりません。わたしが言っているのは、「日本の弥生時代にユーラシアの東西で巨大な「エンパイア」が誕生した」ということです。現在使われている日本語にはもともとはヨーロッパやアメリカで使われていた言葉を明治時代以降に直輸入したものが多く、原語の意味と、訳語である漢字の語感のあいだにギャップがあって、原語で理解しないと本来の意味がとれない場合があるのです。そもそも「漢字」自体が中国からの直輸入でした。日本人は知らず知らずのうちに二種類の外国語を使っていますので、たまに整理が必要です。

この場合の**「帝国」**は、英語の「エンパイア」(empire)の訳語ですが、もともとエンパイアというのは皇帝がいるいないに関係なく、**「いくつもの地域やさまざまな民族を強制的にまとめて支配する国」**を指す概念です。ただ、いきなりエンパイアといわれても何のことか分かりませんので、明治の人がこれに「帝国」という漢字の日本語訳をあてたのです。

つまり「帝国」という言葉には、皇帝が治める国、という漢字通りの意味と、エンパイアという欧米の概念の訳語、という二つの意味があり、この本では後者、すなわち「いくつもの地域やさまざまな民族を強制的にまとめて支配する国」という意味で使っているということになります。

東と西の古代帝国

世界史の時代区分として、古い順に「古代」、「中世」、「近世」、「近代」、そして「現代」という言い方をします。本書ではこうした時代区分を割合ざっくりと使っていきます。

このうち古代の紀元前三世紀から紀元後三世紀にかけて、先ほど述べたようにユーラシア大陸の東西に二つの帝国が興りました。東アジアに興ったのが漢王朝です。この漢は、紀元前二〇六年に建国され、二二〇年に滅亡するまで約四〇〇年間続きました。

ちなみにここで年号を覚えていただく必要はまったくありません。漢は日本の弥生時代から、卑弥呼が邪馬台国の女王だったころまで中国を支配していた、くらいのことをイメージしながら流し読みしていってください。この間、漢の影響力は東アジアに広く及び、たとえば日本は「漢」字を直輸入して使うようになりました。

一方、漢の建国と同じころ、ユーラシア大陸の反対側では、古代ローマがイタリア半島を統一（紀元前二七二年）し、やがて地中海を取り囲むローマ帝国となって栄華を誇りました。

そんなローマ帝国でしたが、その後東西に分裂（三九五年）したあげく、日本では古墳時代にあたる四七六年に一方の西ローマ帝国は滅びます。なお、残った東ローマ帝国のほうは、コンスタンティノープル（現在のトルコのイスタンブール）を首都として、日本の戦国時代の幕開けである応仁の乱の一四年前、一四五三年まで続きました。

見落としてはならないのは、紀元前三世紀から五世紀に、漢とローマという定住民族の帝国に挟まれた地域、すなわちユーラシア大陸中央にあった遊牧民族の帝国の存在も実は大きかったということです。コメを生産する人びとは田んぼの近くに定住しますが、これに対し遊牧民族は、馬に乗って日常生活の場をどんどん変えていくという、伝統的に定住民族である日本人にはイメージしにくい暮らし方をする人びとです。

漢は歴史に名高い帝国でありながら、その一方で中央アジアから東アジアに勢力を誇った遊牧民族の匈奴《きょうど》帝国（紀元前二〇九〜紀元後九三年）に、絶えず脅かされていました。また漢と肩を並べたローマ帝国が、分裂した末に西ローマのほうは滅びるにいたったのも、四世紀から五世紀にかけて遊牧民族のフン帝国（四世紀〜四五五年）が中央アジアからヨーロッパに進出してきたからでした。この匈奴とフンは同じ勢力だという説もあります。

このような古代ユーラシア遊牧帝国の末裔《まつえい》は、のちの中世、とくに一三世紀から一四世紀にかけて、史上空前のとんでもない大帝国を築き上げることになるのです。

そこへ進む前に、古代において漢王朝滅亡とローマ帝国分裂のあとに興った二大帝国についてみておきましょう。漢とローマがユーラシア大陸の東と西でほぼ同時期に興ったように、やはり七世紀に、東アジアでは唐王朝（六一八〜九〇七年）が、そして中東ではイスラム帝国（六三二〜一二五八年）が勢力を拡大します。

唐は漢と同じく中国を支配した王朝ですが、ユーラシア大陸の西側の中心は地中海沿岸から、イスラム教徒の住むアラビア半島へ移りました。イスラム帝国の首都バグダッドは、当時世界最大の都市でした。なおイスラム帝国の支配者は皇帝ではなく「カリフ」と言いますが、それでも「帝国」と称される理由はもう分かりますね。

飛鳥時代の聖徳太子がいたあたりから、奈良時代を経て、平安時代のそれこそ「白紙に戻そう遣唐使」（八九四年、遣唐使廃止）の少しあとの一〇世紀までは、唐王朝とイスラム帝国の両雄が並び立つ世界でした。

パンデミックで滅びた中世モンゴル帝国

中世に入り、唐・イスラム二大帝国の領域も含めて、ユーラシア大陸のほぼ全土を支配した遊牧民族による巨大帝国が、チンギス・ハーンが打ち立てたモンゴル帝国（一二

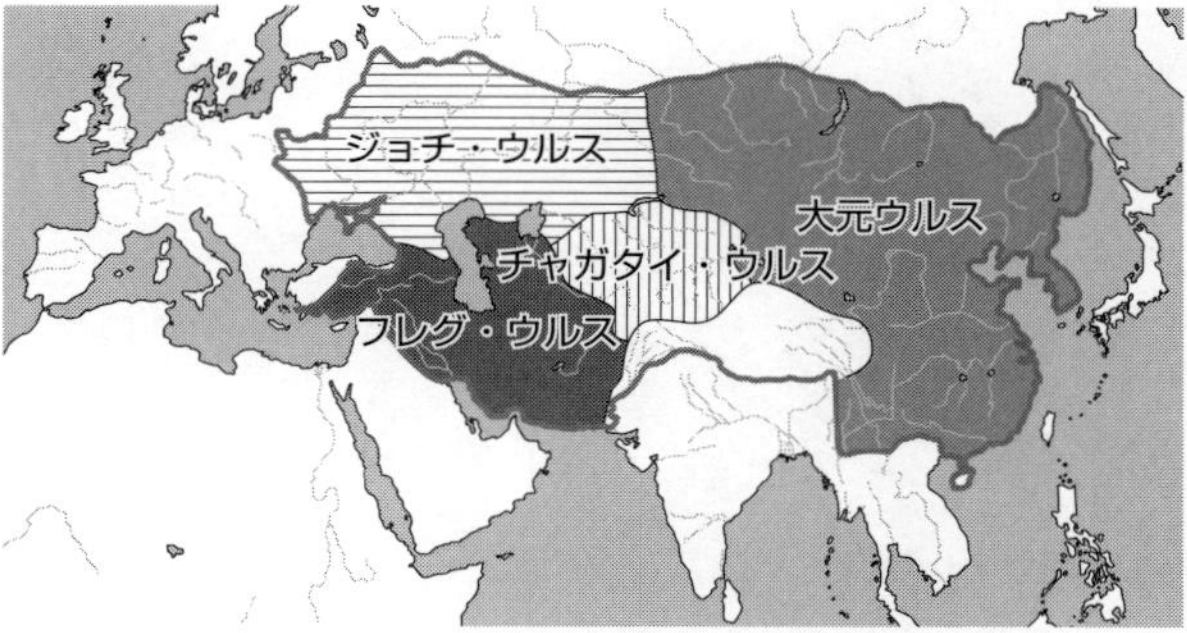

図1-1　モンゴル帝国

〇六～一三八八年）です。この巨大帝国は日本とも関わりがあります。鎌倉時代の日本に侵攻してきたからです。一二七四年と一二八一年に起こった元寇《げんこう》ですね。

モンゴル帝国が成し遂げたのは、今でいうグローバル化です。それまでバラバラだったユーラシア大陸の各地域が一つにつながったことで、全土で人や物が行き交うようになりました。

ところが、これによって大災厄《だいさいやく》が起こってしまいました。パンデミック（感染症の世界的大流行）です。どうやら一三世紀はじめにモンゴル軍が今の中国の南西部や東南アジアに入っていった際に、ペスト菌を宿すネズミやノミに接触したようです。皮肉にもそれがグローバル化のために、一地域での感染にとどまらず、大陸全土に拡大してしまいました。新型コロナに苦しんだわたしたちの世代にとっては、他人事には感じられませんね。

結局、一四世紀までにユーラシア全域で約七五〇〇万人がペストで死亡することになり、モンゴル帝国は崩壊します。

一四世紀半ば以降、モンゴル帝国が分裂するかたちで、一三六八年に東アジアに明《みん》王朝（～一六四四年）が、そしてその二年後に西アジアでもティムール帝国（～一五〇七年）が現れました。明の建国と同年に、日本では「一休さん」でおなじみの（と言っても今の中高生の皆さんにはピンとこないかもしれませんが……）足利義満《あしかがよしみつ》が室町幕府の三代将軍になっています。

ティムール帝国を築いたティムールは、明への遠征の途上で病死しますが、当時の明の皇帝は王朝の最盛期を築いた永楽帝でしたし、もし東西二大帝国が激突していれば、世界の歴史は大きく変わっていたかもしれませんね。

近世アジア四大帝国の時代

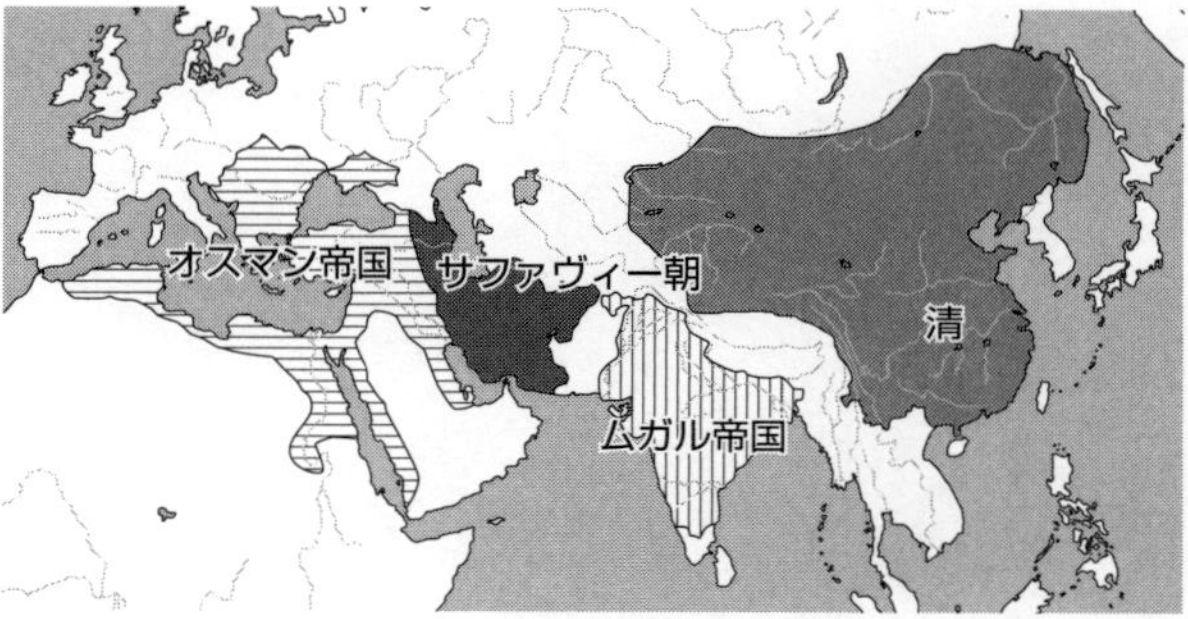

図 1-2　近世アジアの四大帝国

さらに一七世紀から一八世紀にかけての近世、日本でいう江戸時代ですが、アジアでは二大帝国から四大帝国興隆の時代に移ります。建国年代順に、西から東へみていきますと、トルコのオスマン帝国（一二九九～一九二二年）、イランのサファヴィー朝（一五〇一～一七三六年）、インドのムガル帝国（一五二六～一八五八年）、そして中国の清《しん》王朝（一六三六～一九一二年）です。

オスマン帝国はトルコといっても、現在のトルコのイメージとは全然ちがいます。東ローマ帝国を滅ぼして、東ヨーロッパ、中東、北アフリカまでを支配した大帝国でした。

またサファヴィー朝の首都イスファハーンは、「世界の半分」と称される繁栄ぶりだったといいます。

ムガル帝国もそれまでまとまりのなかったインド亜大陸（亜大陸は大陸からひょっこり飛び出た部分）を支配した大国ですが、「ムガル」とは実はペルシャ語で「モンゴル」のこと。自分たちはモンゴルのあとを継いだ帝国だ、と言っているわけで、モンゴル帝国の威光が近世にまで及んでいたことがうかがえます。

清は明に続く中国の王朝ですが、漢民族主体であった前王朝とは異なり、現在の中国東北部にいた満州民族が、漢民族を支配するかたちで成立しました。ちなみに最盛期のころの一七四一年の清の人口は約一億四〇〇〇万人で、当時の世界人口は七億人程度だったといいますから、この帝国の巨大さが実感できます。

ちなみに、サファヴィー朝とか清王朝とかいったときの「朝」、あるいは「王朝」というのは、英語の「ダイナスティ」（dynasty）の訳語です。ダイナスティとは、「血縁で権力を継承する政治体制」ということです。それがなぜ漢字の日本語になると「朝」の字が入るのでしょうか。

それは中国や日本では、皇帝・天皇を中心とする政府のことを「朝廷」と呼んでいたからです。古代の皇帝や天皇が、早朝に政務をとっていたことに由来するといわれます。「サファヴィー・ダイナスティ」の君主の勤務時間とは関係ないのです。これもエンパイアの場合と同じく、原語の意味と訳語の語感のギャップの表れです。

付け加えると、「帝国」「王朝」「朝」の使い分けはならわしのようなもので、とくに厳密な区別があるわけではありません。「清帝国」と呼んでもオーケーです。

ここまで、古代から近世にいたる歴史のなかに登場したとくに大きな国ぐにを取り上げてきました。こうしてみてみると、世界史は長らくユーラシア大陸を舞台に、そこに登場した帝国を中心として展開してきたといえますね。

ユーラシア大陸は東西にのびた大陸であり、気候が似ている範囲が広いので、植物の栽培化や動物の家畜化に関する新技術が起こったときによそに広まりやすく、大陸内のさまざまな地域が刺激し合うことで、発展がうながされてきたようです。アフリカ大陸やアメリカ大陸のように、南北にのびた大陸ではそうはいきません。場所によって気候がちがいすぎるからです。

ただし、世界史の主な舞台がユーラシア大陸であったといっても、アジアが中心であり、ローマ帝国を除いてヨーロッパの存在感はあまり感じられません。

ヨーロッパ・アメリカとの逆転

世界史でヨーロッパの存在感が少しずつ高まってくるのは、一五世紀から一七世紀にかけてのいわゆる「大航海時代」からでしょう。

それまではユーラシア大陸中央のステップ（草原）地帯を「海」のように使って四方八方に動き回るアジアの遊牧民族が優位だったのに対し、航海技術を身につけたポルトガルやスペインは、文字通り大洋に繰り出し始めました。わたしはポルトガルのロカ岬という、ユーラシア大陸の最西端に行ったことがありますが、そこに建つ石碑にポルトガル語で「ここに地終わり、海始まる」と刻まれているのを見て、往時のロマンを感じました。

一五世紀半ば、明王朝が外部世界に関心を失い、インド洋での交易から撤退すると、そこにポルトガルが進出しました。その延長で、ポルトガルは戦国時代の日本に鉄砲を伝えることになります（一五四三年）。

おなじころ、スペインは中央アメリカや南アメリカ大陸に上陸し、その地にあった諸王国を征服していきました。

このとき、スペイン人がアメリカ大陸に天然痘ウイルスを持ち込み、免疫がなかった先住民の人口が約二〇〇〇万人から約一〇〇万人にまで激減したといわれています。ヨーロッパと、ヨーロッパ人来航以前のアメリカの出会いも、グローバル化ということになりますが、グローバル化とはパンデミックの悲劇と背中合わせなのでした。

そして大航海時代以降、ヨーロッパ人が北アメリカに移り住んでいったことで、現在の世界の力関係のなかでは主役といえるアメリカ合衆国が建国される（一七七六年）ことにつながります。ただし、アメリカが大国として世界史の舞台に躍り出るのは一九世紀以降のことであり、それまではアメリカもまだ世界のなかでは田舎でしかありませんでした。

また、そもそもポルトガルやスペインが危険を冒してまで「大航海」に乗り出さなければならなかったのは、アジアとの陸上交易ルートを、オスマン帝国に抑えられていたためでした。近世が「大航海時代」だったというのはあくまでもヨーロッパ目線での話であって、当時の主役がアジア四大帝国であったことの裏返しにすぎないともいえるのです。

このようなアジアとヨーロッパ・アメリカの立場が逆転するのは、近代に入ってからです。

その少し前、一七世紀のあいだにヨーロッパではポルトガルやスペインは衰退してしまい、代わってオランダ、そしてイギリスが台頭してきます。オランダもやがて没落しますが、イギリスのほかに、フランス、オーストリア、プロイセン（のちのドイツ）、ロシアといった国ぐにが力をつけてきます。ちなみにロシアは、モンゴル帝国の一部（ジョチ・ウルス）を母体として生まれてきた、もともとはアジア色の濃い国でした。

こうしたなか、一七世紀から一八世紀にかけて、イギリス、アメリカ、フランスで、相次いで「革命」が起こりました。それまでのような、国王が絶対的な権力を持つ政治体制が倒れ、代わって選挙がおこなわれて議会が法律をつくることになったり、また政府であっても従わなければならないルールとして憲法が定められたりします。ただ、フランス革命は過激化し、王様の首がちょん切られることになりました。

ともあれ、王政には王家の血筋にあるというだけの人物が能力不問で国のリーダーとなったり、国王のわがままによって人びとが振り回されたりするなどの問題がありましたので、革命によってより理にかなった統治がおこなえるようになったといえるでしょう。

ちなみにこうした社会の大変革を「革命」と呼ぶのはなぜでしょうか。「革《あらた》める」はともかく、「命」の意味がとれませんね。これもさきほどの「帝国」と「エンパイア」、「王朝」と「ダイナスティ」の関係と同じです。本来は「レボリューション」(revolution)なのです。このレボリューションという言葉の訳語にあてられたのが、「革命」という漢字でした。

漢字はもとは中国語です。そして中国では、王朝の交代のような社会の大変革は「天の命令によるもの」と信じられてきたので、天命の革まり、すなわち「革命」と呼んでいました。しかしながら「フレンチ・レボリューション」が、中国人が言うような「天の命令」で起こったと信じるフランス人はたぶんおりません。しかもフランス革命政権は当初は神の存在を否定する立場でした……。

いずれにしても、こうした政治的な革命に加え、経済的な革命、すなわち産業革命が、一八世紀のイギリスで起こります。要するに、機械が発明されたのです。それによって農業を中心とするそれまでの世の中が、機械を使って工場で製品を生産するという、工業を中心とする社会に様変わりしました。こうした工業力は、当然軍事力に転用できます。

ヨーロッパやアメリカは、これらの政治的・経済的革命を通じ、世界の他の地域にさきがけて近代化を果たしたことで、前近代的な遅れた状況にとどまったアジアとの立場を逆転させていったのです。

そうした逆転現象は、近世と近代の世界のGDP（国内総生産。豊かさを図る基準）のシェア（割合）を比較することでも確認できます。イギリスの経済学者アンガス・マディソンの統計によると、たとえば一七〇〇年には世界のGDPの約六二%はアジアが占め、西ヨーロッパ一二カ国のシェアは約一九%にすぎませんでした。これが一九〇〇年になると、アジアは約二八%まで縮小した一方、西ヨーロッパ一二カ国はこれを上回る約三二%に拡大しています。

主権とは「スーパー統治権力」のこと

さあ、それでは今までみたような古代からの帝国の興亡と、ヨーロッパの近代化を踏まえて、現在の世界の力関係を理解するうえでの基本となる「主権」についてみていきましょう。

近世から近代にかけてのヨーロッパは、国と国との関係でも新しい概念を発展させていきました。それが主権という概念です。もともとは一六世紀のフランスの法学者ジャン・ボダンが提唱し、次第に広まっていったものとされます。現在でも「わが国は主権国家である」という言い方をしますよね。

「**主権**」とは、「**外国に対して対等な関係で独立している権力**」のことです。ただ、「主権」という漢字をじっと眺めていてもなかなかイメージがわいてこないかもしれません。そういうときは原語の英語で考えてみましょう。

主権は英語で「ソブレンティ」(sovereignty)です。「ソブ」は「スーパー」(super)に、「レン」は「レイン」(reign)すなわち「統治」にそれぞれ通じます(「ティ」は名詞をつくるただの接尾辞)。つまり主権とは、「スーパー統治権力」ということになります。なおスーパー統治権力という言葉は分かりやすいようにわたしが勝手に使っているだけで、テストに出たら「主権」と書いてくださいね。

現代の日本は主権国家です。したがって、スーパー統治権力を持っています。スーパー統治権力に対し、それ以外の何者も命令することはできません。「スーパー」統治権力なのですから。したがって日本は、どの外国からも命令されることなく、自分たちで政治をおこなっています。現代では、日本だけでなく、世界中の国ぐにがそれぞれスーパー統治権力を持っています。「はじめに」でみた「世界は無政府」ということにつながります。

このスーパー統治権力が重なることはありえません。重なるということは、どちらかが「スーパー」ではないということになってしまいます。そこで、スーパー統治権力同士がその権力の及ぶ境目をお互いに決めておく必要があります。国境ですね。

ヨーロッパの国ぐにには、このようなスーパー統治権力すなわち主権という概念を前提に、お互いが独立した存在であり、対等な関係に立つことを認め合うようになりました。

そして、対等な国同士で結ぶ条約などの約束事にもとづいて、国際社会で守られるべきルールである「国際法」が整えられていきます。

そんなの当たり前じゃん、と思った人は、ここでもう一度、近世以前の世界を振り返ってみてください。

中国の歴代王朝は、漢にしろ唐にしろ明にしろ清にしろ、世界全体が中国皇帝の持ち物だと考えており、周辺地域に日本人のような「野蛮人」がいたとしても、中国と対等な関係で独立した国があるなどということは夢にも思っていませんでした。自分たちが世界の「中」心でありもっとも「華」やかだとする「中華思想」です。中国（中華人民共和国）の思想だから中華思想なのではなく、中華思想を持つ国だから、中国なのです。「主権」と漢字で書いてもイメージしにくいのは、もともと中国や日本にあった観念ではないからでしょう。

元来ヨーロッパで生まれた主権の概念が、そのほかの地域にも広まっていった背景には、近代化を果たしたヨーロッパやアメリカがアジアやアフリカに進出し、これらの地域を片っぱしから植民地にしていったことがあります。ヨーロッパやアメリカの本国からの移住者、すなわち植民者を通じた支配です。ムガル帝国もイギリスに植民地化され、清王朝はヨーロッパ諸国によって半植民地化されていきました。

ヨーロッパやアメリカによって植民地化されたアジアやアフリカの地域には、主権は認められませんでした。ヨーロッパやアメリカとの関係において、お互いが対等だとはされなかったのです。

ほとんど唯一の例外は日本です。一八六八年の明治維新により近代化に成功したからです。日本はヨーロッパから見て「極東」といわれるくらい一番遠いところにあるためにタイムラグが生じ、他の国がヨーロッパによって植民地にされているあいだに対策を打つことができ、間一髪で逃げきったのでした。

第二次世界大戦後、これらの植民地は順次独立を果たします。

ただ、ヨーロッパの植民者が去ったからといって、アジアの帝国が復活するということにはなりませんでした。ヨーロッパの旧植民地は「インド共和国」などのように、ヨーロッパ流の主権国家として独立することになり、主権国家のシステム（仕組み）が地球を覆うことになりました。今の世界で国号に「帝国」を含む国はありません。世界で日本の天皇だけが英語で「エンペラー」（皇帝）を名乗っていますが、今の日本を帝国だと考える人はまずいません。

戦争を認めない現代主権国家システム

ただ、帝国とは異なる同じ主権国家システムとはいっても、近代のそれと現代のそれとでは大きくちがうところがあります。それは「戦争を認めるか認めないか」です。

近代までは、戦争は主権国家が利益を追求するうえでおこなってよい権利だと考えられていました。

しかし二〇世紀に世界中を巻き込む二度の大戦争、すなわち第一次世界大戦と第二次世界大戦が起こり、すさまじい被害が生じたことで、「侵略戦争はやってはいけないこと」であると、全世界共通のルールとして定めよう、ということになりました。二つの世界大戦については、第三章と第四章でそれぞれ詳しくみていきます。

第二次世界大戦後に国連という平和のための国際的な組織がつくられると、国連の約束事であり、国際法の一種である「国際連合憲章」によって、侵略戦争ははっきりと禁止されました（国連の機能についても第五章で改めて説明します）。

こうして現代では、主権国家と主権国家の境目である国境などの今ある状態を、軍事力などによって一方的に変えることは、国際法違反になるというわけです。

現代の主権国家システムが、力による一方的な現状変更を認めないのは、もちろん近世以前の帝国ともまったくちがいます。近世以前に、侵略戦争を禁止する国際法などあろうはずもなく、帝国は常に戦争をしているか、いつでも自由に始めていい状態にありました。

たとえば先にみたモンゴル帝国は遊牧帝国ですから、自分たちの移動（征服）によって支配地域（ウルス）が絶えず変化するのは当たり前だと考えられていました。そして帝国の建設と経営のプロセスでは、大殺戮《だいさつりく》が繰り返されるのが常でした。

たしかに、ある帝国が世界征服を達成すればそこで戦争は終わるかもしれませんが、そう簡単に全世界を征服できるわけではなく、その間に帝国による戦争は続くことになります。また、仮に単一の帝国による世界征服が実現したとしても、戦争は帝国の支配に反発する「内乱」と名前を変えるだけで、戦い自体は依然として続くとも考えられます。

そうすると、歴史のなかでの世界の力関係の在り方は、**①力の強い国が他の地域を征服していく、近世以前の帝国から、②一部の国同士で対等な関係に立ち、戦争は認められる、近代の主権国家システム、そして③世界のすべての国同士で対等な関係に立ち、戦争は認められない、現代の主権国家システムへと変わっていった**ということになります。

ただし、侵略戦争を違法とすることを前提とした現代の主権国家システムも、完全ではありません。そのような不完全さは、ロシアのウクライナ侵略からも分かります。ただ、ロシアは自分たちのことを帝国だとはいわず、説得力があるかどうかは別にしても、現代主権国家システムを前提として自分たちの行動を正当化しています。やはり現代のわたしたちは、近代以前とは異なる世界に住んでいるのです。現代主権国家システムの不完全さについてはこの本でもおいおい見ていきます。

いずれにしても、歴史のなかでの世界の力関係の変化は、帝国と主権を対比させてとらえると理解しやすいと思います。そして帝国と主権のちがいは、主権の概念が生まれた近世以降のヨーロッパでは、実は世界の他の地域とは異なり、帝国が出現しなかった、という事実と関係がありそうです。

そこで次の章では、なぜヨーロッパでは帝国が出現しなかったのか、あるいはどうやって帝国の出現を防いできたのか、について考えてみることにします。

第二章　帝国の出現を防ぐ手立てとは何か——勢力均衡

「フォースに均衡《バランス》をもたらす者」

ジョージ・ルーカス監督の映画『スター・ウォーズ』は、「フォース」と呼ばれるエネルギー体をキーワードに、ライト・サイドのジェダイとダーク・サイドのシスが銀河を舞台に戦いを繰り広げるSF叙事詩です。

その主要登場人物の一人であるアナキンは、子供のころに「フォースに均衡《バランス》をもたらす者」との予言を受けます。それにもかかわらずアナキンは長じてシスの暗黒卿《あんこくきょう》ダース・ベイダーとなり、銀河帝国軍を率いてジェダイを滅亡寸前まで追い込んで、ジェダイとシスのあいだの「均衡」をいったん破壊するのですが、物語の最終盤に、ある行動に出ることによって結果的に予言を成就させることになります。

『スター・ウォーズ』で描かれている世界観（銀河観？）とは、フォース（力）のバランスが保たれることで銀河の平和が守られ、逆にバランスが崩れると「銀河帝国」のようなものが出現して戦乱が起こる、というものです。

このような見方は、実は現実の世界の力関係を理解するうえでもかなり有用なのです。

「ヨーロッパ帝国」はなかった

現代の主権国家システムでは、前の章でみたように、力による一方的な現状変更は許されず、現状維持が基本となります。このことを言い換えると、現代は「帝国の出現を許さない」時代であるということになります。

実は、帝国の出現を許さないとする世界の在り方は、近世から近代にかけてのヨーロッパですでにかたちづくられていました。実際、近世のアジア四大帝国（オスマン帝国・サファヴィー朝・ムガル帝国・清王朝）のなかには二〇世紀まで存在するものもあったのに対し、同じ時期にヨーロッパ全土を支配する「ヨーロッパ帝国」は、ついに出現しなかったのです。

それでも「ヨーロッパ帝国」を築こうとした野心的な君主はいました。一七世紀から一八世紀にかけてのフランス国王、ルイ一四世です。国王や皇帝などが「〜世」と名乗るのは、同じ名前の先祖や親戚と区別するためです。このルイ一四世の在位期間は、日本でいうと徳川幕府三代将軍家光《いえみつ》から七代将軍家継《いえつぐ》（家継よりも「正徳《しょうとく》の治《ち》」をおこなった新井白石《あらいはくせき》が有名）の治世にあたります。

ちなみにフランスが、最終的には失敗したとはいえ、「帝国化」をめざすことができるほど強かったのは、他のヨーロッパの国ぐにと比べて人口が多かったからです。人口は、軍隊動員（兵士の招集）や税金徴収のおおもとです。

ルイ一四世の治下、フランスは大同盟戦争（一六八八～九七年）という戦争で神聖ローマ帝国（古代ローマ帝国の伝統を受け継ぐとしながら、実態はドイツ語諸国の寄せ集め。オーストリアやプロイセンの母体となった国）に戦いをしかけます。この当時は、戦争は主権国家の権利として認められていました。ですが、イギリスが神聖ローマ帝国側に立って参戦したため、フランスによるヨーロッパ支配の野望は挫《くじ》かれました。

それでもルイ一四世はあきらめず、新たな戦いとしてスペイン継承戦争（一七〇一～一四年。継承戦争とは王位継承をめぐる争い）を起こすものの、フランスに対しイギリス、オーストリア、プロイセンが手を組んで対抗したため、ここでもフランスの帝国化は抑

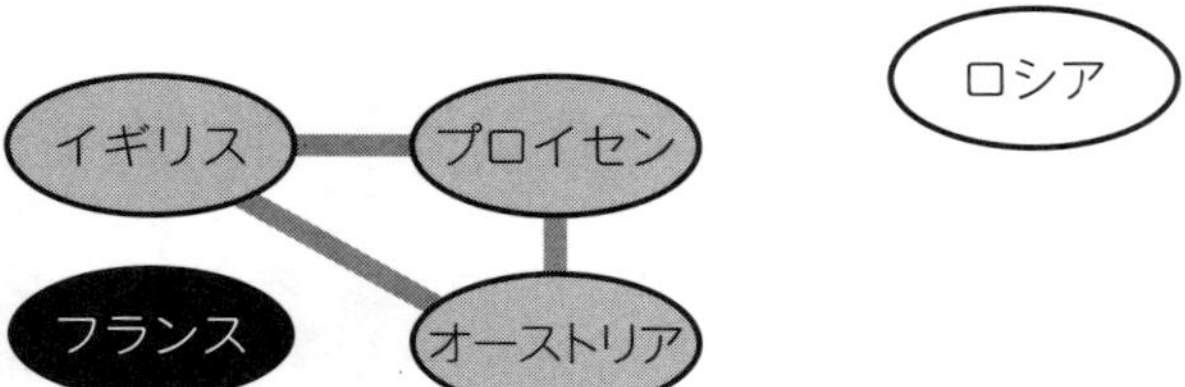

図 2-1　スペイン継承戦争（1701–14）

えられます。ヨーロッパの国ぐにが、ルイ一四世の下で「ヨーロッパ帝国」として統一されることはついにありませんでした。

これは世界のほかの地域で起こったこととはかなりちがいます。たとえば現在の中国がある地域には、漢王朝ができるずっと前の紀元前五世紀から紀元前二二一年までの中国の戦国時代に、秦《しん》、楚《そ》、斉《せい》、燕《えん》、趙《ちょう》、魏《ぎ》、韓《かん》という七つの国（戦国七雄）が存在していました。今のヨーロッパにいくつもの国があるのと同じです。このうち秦が、最終的に他の六カ国を滅ぼして秦一国にまとめ上げ、秦王の嬴政《えいせい》が始皇帝と名乗りました。原泰久《はらやすひさ》のマンガ『キングダム』の題材となった世界です。

ただ考えてみれば、中国の戦国時代について「数カ国に分かれていたのを秦が統一した」などというのは、結果的に統

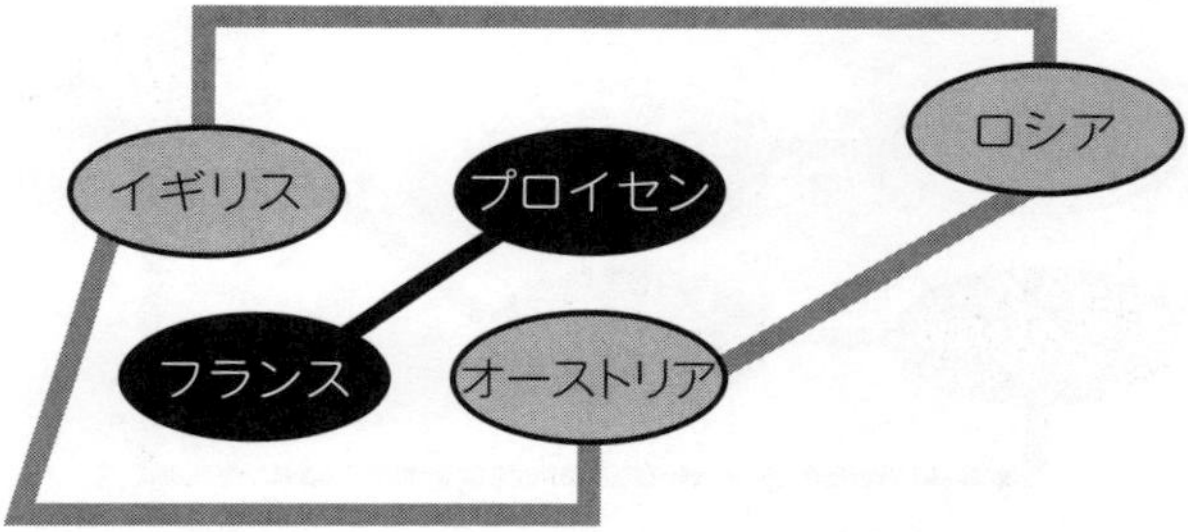

図 2-2　オーストリア継承戦争（1740-48）

一されることになったという事実から逆算した後づけです。ヨーロッパの現状を、「数カ国に分かれていていまだに統一されていない異常な状態」とはいわないでしょう。ヨーロッパは中国のように統一されなかったからです。ルイ一四世は、いってみれば「失敗した始皇帝」なのです。

またアメリカ合衆国も、現在では一つの国であるのが当たり前のように感じられますが、独立当初の合衆国は東部一三州に限られ、それ以外にイギリス領や、中部のフランス領、南東部のフロリダなどのスペイン領、西部のメキシコ領、先住民居住地域などがありました。東部一三州とそれ以外の地域が今のように一つにまとまるとはじめから決まっていたわけではなかったのです。実際にフランスは、北アメリカがいくつもの独立国に分かれ

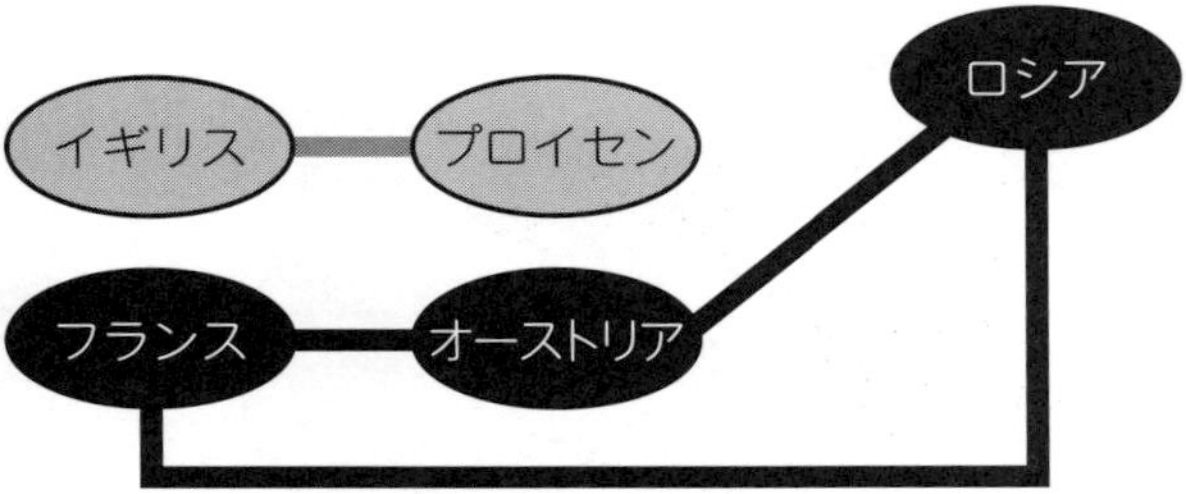

図 2-3　七年戦争（1756-63）

ているほうが望ましいとの考えでした。

ヨーロッパに戻りますと、ルイ一四世が死んだのちも、オーストリア継承戦争（一七四〇～四八年）や七年戦争（一七五六～六三年）など戦争が相次ぎますが、やはり中国やアメリカのように一つの国にまとまることはありませんでした。オーストリア継承戦争は、オーストリアとプロイセンの対立に端を発し、プロイセン側にこれまで敵だったフランスが味方につきますが、オーストリア側にもイギリスとロシアが加担したことで、バランスがとられました。

オーストリアとプロイセンは、七年戦争で再度対決します。オーストリア継承戦争のあとオーストリアはフランスと和解し、手を組んでいましたので、前回の戦争のときとは逆に、七年戦争ではオーストリア側にフランスがつき、ロシアもこの陣営に加わりました。そのためプロイセンはいったん窮地に立たされましたが、プロイセン側にイギリスがついたことで、ここでもバランスがとられます。

ナポレオン戦争の衝撃

しかし、やがてヨーロッパが帝国化にもっとも近づく瞬間が到来します。ルイ一四世のひ孫の孫にあたる王（ルイ一六世）の時代に起こったフランス革命のあとの政情不安のなかから、もともとコルシカ（現在のイタリア）人で、フランスで軍人となったナポレオン・ボナパルト将軍が登場したのです。

王様の首をちょん切った、血塗られた革命政権に恐怖した周辺の王政諸国は、「対仏大同盟」を結成し、フランスを袋叩《ふくろだた》きにしようと四方八方から攻め込みますが、逆にボナパルト率いるフランス軍に反撃されます。のちの世にいうナポレオン戦争（一七九六～一八一五年）です。

この戦争のさなか、ボナパルトはその軍事的名声を背景に皇帝に即位して自らをナポレオンと称しました。だから今でも、平民だったころの名字の「ボナパルト」ではなく、皇帝としての名乗りの方で呼ばれます。三谷幸喜《みたにこうき》脚本の喜劇ドラマ『総理と呼ばないで』のなかで、総理大臣役の田村正和《たむらまさかず》がメイド役の鶴田真由《つるたまゆ》に、「ナポレオンのことをボナパルトと呼ばないのは、ジャッキー・チェンのことを「ジャッキー」と呼ぶことはあっても誰も「チェン」とは呼ばないのと一緒」といった趣旨の話をするシーンがありますが、もちろんデタラメです（笑）。

ナポレオンは、オーストリア、プロイセンを屈伏させ、フランスの勢力が及ぶ範囲は現在のイタリアやスペインにも達しました。ナポレオンの下でのフランス主導の「ヨーロッパ帝国」の樹立は、目前に迫っているものと思われました。

ところがナポレオンは海に阻まれてイギリスを攻略することができず、やむなくロシア遠征に転じますが、あまりの寒さに耐えかねてロシアから撤退し、そこから運命の歯車は反転することになりました。対仏大同盟軍がフランス軍を追撃して首都パリに入城し、とらえられたナポレオンは最終的に大西洋の絶海の孤島に島流しにされるという結末を迎えました。

帝国ができるのを防ぐ勢力均衡

ナポレオン戦争終結後、オーストリアの首都ウィーンに戦争当事国の代表者たちが集まり、戦後ヨーロッパのあるべき姿について話し合いがもたれました。一八一五年にこのウィーン会議で合意されたナポレオン戦争後のヨーロッパの在り方を「ウィーン体制」と呼びます。

ウィーン体制の最大の目的は、「ヨーロッパでナポレオンがつくろうとしたような帝国を二度とつくらせない」ということにありました。

前の章でみたアジアの諸帝国もそうでしたが、帝国は際限なく戦争を続けます。ルイ一四世の戦争の時代から七年戦争の少しあとの時代まで生きたイギリスの哲学者デヴィッド・ヒュームは、世界帝国は「偉大な害悪」であると述べました。ヨーロッパ人はナポレオン戦争を通じ、そのことを身をもって知ったのでした。

ではヨーロッパで帝国をつくらせないためにはどうしたらいいのか。そのためのしかけが、「勢力均衡」でした。勢力均衡といっても、画数の多さにたじろがなくて大丈夫です。原語は「バランス・オブ・パワー」(balance of power)。つまり「力のバランス」

ということにすぎません。なお、国ぐにの力関係を表すときは『スター・ウォーズ』とちがって「フォース」(force)ではなく「パワー」という言葉を使います。

たしかに、力が同じくらいの国ぐにのあいだでは、たとえ戦争が起こったとしても、一方に対しどちらかが圧勝することはなさそうですよね。とすると、国ぐにのあいだの力のバランスを保っておけば、帝国はできにくくなりそうです。つまり「**勢力均衡**」とは、「**国ぐにのあいだの力のバランスを保つことで、帝国ができるのを防ぐこと**」です。

とはいえ、同じくらいの力の国ぐにのあいだであっても、そのうちの二カ国が手を組み、つまり「同盟」を結ぶことで、それ以外の一カ国を攻め滅ぼす、ということは起こりえます。ただその場合でも、劣勢になった側に別の国が味方することができれば、バランスを回復することは可能です。

実は、ルイ一四世以来の諸戦争で、このことを実践していたのがイギリスでした（四九〜五三ページに戻って確認してみてください）。そのため、フランス、イギリス、オーストリア、プロイセン、ロシアのあいだで戦争が起こっても、ナポレオンが出てくるまでは常に力のバランスは保たれていました。ナポレオンが出てきたあとでさえ、イギリスが反フランスの立場を忍耐強くとり続けたことで、ついにバランスは回復されたのでした。

一七世紀から一八世紀にはイギリスの政策として実践されていた勢力均衡を、ヨーロッパの大国のあいだの合意の下で明確なシステムにするというのが、ウィーン体制の眼目です。いうまでもなく、再び力のバランスが崩れて、第二のナポレオンが出てこないようにするためです。

このことをナポレオン戦争の具体的な戦後処理の文脈に当てはめてみますと、重要だったのは敗戦国フランスの処遇でした。たしかに、ヨーロッパを戦乱の渦に巻き込んだフランスをこの際滅ぼしてしまい、戦勝国でその領土を山分けするのも手です。というより、歴史上はこのようにして国が滅ぼされたケースのほうがほとんどでしょう。

ただ、そうすると次の展開はどうなるでしょうか。ナポレオンの打倒にもっとも直接的に貢献したのはロシアです。とすると、ロシアが一番大きな分け前を要求してくることは目にみえています。しかしロシアの要求を飲んでしまうと、今度はロシアの力が強くなりすぎるでしょう。その結果、フランスに代わってロシアが強大化しただけ、ということになってしまえば、勢力均衡という観点からは元も子もありません。

また一七世紀以来、ヨーロッパでの力のバランスは、イギリス、フランス、オーストリア、プロイセン、ロシアの五カ国が存在したことで成り立っていました。このシステムからフランスが退場すれば、同盟の組み替えによって力のバランスをとるというやり方そのものが、行きづまることになるかもしれません。

ヨーロッパの勢力均衡とは、これら五大国による五重奏団。そのなかの第一バイオリンの弾き手（フランス）が死ねば、コンサート（音楽会）は成り立たないと、同時代のドイツの歴史家レオポルド・ランケは言っています。

そこでナポレオン戦争の戦勝国は、あえてフランスをおとりつぶしにはせずに、国力をナポレオン戦争以前の程度にまで抑えたうえで、再びヨーロッパの大国クラブのメンバーとして迎え入れることにしたのです。ウィーン会議を主催したオーストリアの外務大臣クレメンス・メッテルニヒは、フランスとの講和は「フランスに復讐《ふくしゅう》することよりも、ヨーロッパの大国間で政治的なバランスをとることを優先しておこなうべきだ」と主張し、他の国ぐにもこれを受け入れました。

フランスに復讐することよりも、
ヨーロッパの大国間で
政治的なバランスをとることを
優先しておこなうべきだ

クレメンス・メッテルニヒ
(1773〜1859)
オーストリアの外務大臣でウィーン会議の議長を務めた

またウィーン会議では、戦争でグチャグチャになったヨーロッパの国境線を新しく引き直すことになりましたが、戦勝国のどこかが突出して強くなりすぎないように注意して、領土の分配がおこなわれました。

ヨーロッパの「音楽会」

要するに近世・近代のヨーロッパは、勢力均衡によって、力による一方的な現状変更ではなく、現状維持を図ろうとしたのでした。そしてウィーン体制の下、ヨーロッパの平和はおよそ一〇〇年続いたのです。これを「コンサート・オブ・ヨーロッパ」、つまり「ヨーロッパの協調」ともいいます。英語の「コンサート」(concert) には、「音楽会」に加え、「協調」という意味があります。たしかに奏者同士で協調しなければ、音楽会は成立しませんね。これは先ほどのランケのたとえに通じます。

とはいえ、勢力均衡は、言うはやすく、おこなうは難し、です。強者の側からの切崩しにあうためです。中国の戦国七雄のあいだで勢力均衡は成立しませんでした。一九世紀の北アメリカでも、フランスが望んだ数カ国による勢力均衡は実現していません。日本の戦国時代をみても、織田信長の台頭に対し、武田信玄、浅井長政《あざいながまさ》、朝倉義景《あさくらよしかげ》らの戦国大名が信長包囲網を築こうとし、もし成功していれば勢力均衡が成り立ったわけですが、うまくいきませんでした。また信長に続く安土桃山時代の天下人の豊臣秀吉は、自分の死後は徳川家康や前田利家ら五大老と呼ばれる重臣大名たちの力のバランスをとることで豊臣政権の存続をはかろうとしましたが、実際には秀吉の死後、五大老の一人だった家康の力に他の四大老は結束して対抗できていません。

そもそも世界の歴史そのものが、長らく帝国を主人公とする物語でしたね。そうすると、近世・近代ヨーロッパで、最初はフランスの野望に対するイギリスの政策の結果として、次いでウィーン体制というシステムとして、勢力均衡が成立したことは、歴史上でも特筆すべき出来事だったといえます。

ヨーロッパに限りませんが、帝国は普遍的な存在です。この場合、普遍的というのは、帝国の内部ではどこに行ってもあまねく一つの価値観に支配されるということです。たとえば、帝国とは少しちがいますが、キリスト教のカトリック教会は宗教としての普遍性を守るために、異端者を見つけ出しては火あぶりにして抹殺する必要がありました。

これに対し、力のバランスをとることを通じて複数の国ぐにが並び立つということは、その地域に国ごとの多様な価値観が存在することにつながります。近代ヨーロッパ人は、帝国による普遍性ではなく、勢力均衡による多様性を選んだということもできるでしょう。そして多様性が、お互いを刺激し合うことになり、ヨーロッパの発展につながっていったとみることもできます。

アジア・アフリカに対しては帝国

ただし、勢力均衡にも問題はありました。ウィーン体制が勢力均衡を通じてめざした現状維持とは、ヨーロッパの大国間での現状維持、に限定されていたということです。したがって、大国間のバランスをとるためには、同じヨーロッパの国であっても小国であればその領土を大国が自分たちのものにすることも認められました（たとえば一八一五年のロシアによるポーランド支配）。

それればかりかこれらヨーロッパの諸大国は、前の章で述べたようにアジア、アフリカに進出し、植民地戦争をおこなっていきます。主権国家といっても、ヨーロッパ以外の地域に対しては「帝国」の顔を持つものだったのです。

そしてより深刻な問題は、勢力均衡そのもののなかに潜んでいました。勢力均衡がよって立つ、国ぐにのあいだの力のバランスは、永久不変のものではなく、時間がたつと変化していくことになるのが自然です。たとえば日本は一九六八年以来長らく、GDPシェアがアメリカに次ぐ世界第二位の経済大国でしたが、二〇一〇年に中国に、二〇二三年にはドイツに追い越され、四位に転落してしまいました。

ウィーン会議の時点ではバランスがとれていたはずのイギリス、フランス、オーストリア、プロイセン、ロシアの国力は、一〇〇年の歳月をかけて変化していき、五重奏団の演奏に不協和音が生じてきます。そのことが、次の章でみるような第一次世界大戦という大惨事につながっていくことになるのです。

第三章　世界大戦はなぜ起こったか①——脆弱性による戦争

要人暗殺が世界大戦になる不思議

最初の世界大戦である第一次世界大戦というのは不思議な戦争です。

教科書には、この戦争の原因は一九一四年に起こったオーストリア皇嗣（皇帝の跡継ぎ）夫妻暗殺事件だと書いてあります。しかし、はっきり言って要人の暗殺など歴史上ありふれた出来事です。それがなぜこのときは、ただ一発の銃声によってナポレオン戦争が終わってからおよそ一〇〇年にわたって保たれてきたヨーロッパの平和が破られるようなことになったのでしょうか。

ドイツ建国が崩した力のバランス

前の章で説明した通り、ナポレオン戦争後のヨーロッパは、勢力均衡によって帝国の出現を防いできました。ウィーン体制ですね。そこで重要だったのは、イギリス、フランス、プロイセン、オーストリア、ロシアという五大国のあいだの力のバランスでした。
ところが、これらの大国間の力のバランスが、一〇〇年の歳月を経て変化をきたすことになります。

バランスが変化した最大の理由は、五カ国のうちの一つのプロイセンが、周辺のドイツ語諸国をまとめ上げ、一八七一年に統一国家「ドイツ」を建国したことです。わたしたちがイメージするドイツという国は、このときに生まれました。

それ以前の中央ヨーロッパは、プロイセン以外にも、ザクセンやバイエルンなどのドイツ語を使う小国があまた存在するという状況でした。日本人が「ドイツ」と呼ぶ国は、ドイツ語で「ドイッチュラント」(Deutschland)といいます。ドイッチュは「ドイツ語」、ラントは「国」(英語の「ランド」)のことですので、ドイッチュラントは「ドイツ語を話す国」という意味になります。

最初からドイツという国があって、そこでドイツ語が話されてきた、のではなく、先にドイツ語を話す国ぐにがあり、それらがまとまって、あとからドイツ(ドイッチュラント)ができたのです。わたしが大学生のころ、ドイツ語の講義でこの話を聞き、ちょっとびっくりしました。

このような、ドイツとして一つにまとまる前の中央ヨーロッパのドイツ語諸国は、一七世紀から一八世紀の諸戦争でも主な戦場となってきたため、周辺大国の草刈り場のような立場から脱しようとする動きが起こっていました。

こうしたなか、ドイツ語諸国のなかの雄《ゆう》であったプロイセンに、オットー・ビスマルクという首相が登場します。ビスマルクは、オーストリアやフランスとの比較的小規模な戦争を通じて両国を黙らせ、ドイツ語諸国をプロイセン主導で統一することに成功しました。なお、オーストリアもドイツ語国ですが、ドイツには加わりませんでした。

ただ、このころイギリスの首相を務めたベンジャミン・ディズレーリは、ヨーロッパに新たな大国ドイツが建国されたことに対し、「力のバランスは完全に破壊された」と言って警戒したといいます。

なおドイツ建国の一〇年前の一八六一年には、イタリア半島の北西部のつけ根と地中海の島を領有していたサルディーニャ王国が主導して、イタリアが建国され、ヨーロッパの大国の仲間に加わりました。

実は日本の明治維新も、この間の一八六八年の出来事です。日本の初代総理大臣である伊藤博文《いとうひろぶみ》は、ビスマルクにあこがれていたそうです。のちの一九四〇年に日独伊三国同盟を結び、第二次世界大戦で枢軸国としてアメリカやイギリスなどの連合国と戦うことになるこれら三カ国は、いずれも一九世紀後半に登場してきた「遅れてきた大国」だったわけです。

話をドイツ建国に戻します。本来ドイツの建国は、ディズレーリが警戒したようにヨーロッパの力のバランスを崩すものであり、大戦争の火種になりかねない出来事でした。ドイツの「帝国化」に発展しかねず（国号は最初から「ドイツ帝国」ではありますが）、ナポレオン戦争のときの対仏大同盟のように、対「独」大同盟が結成されてもおかしくないからです。

ところが、ドイツの建国による力のバランスの揺らぎと、平和の維持を、ビスマルクがその巧みな外交手腕で両立させます。ビスマルクのドイツは、オーストリア、イタリア、そしてロシアと同盟を結び、イギリスとも友好関係を保ちました。逆に、ドイツのライバルであるフランスが、ヨーロッパの大国間関係のなかで孤立するように仕向けま

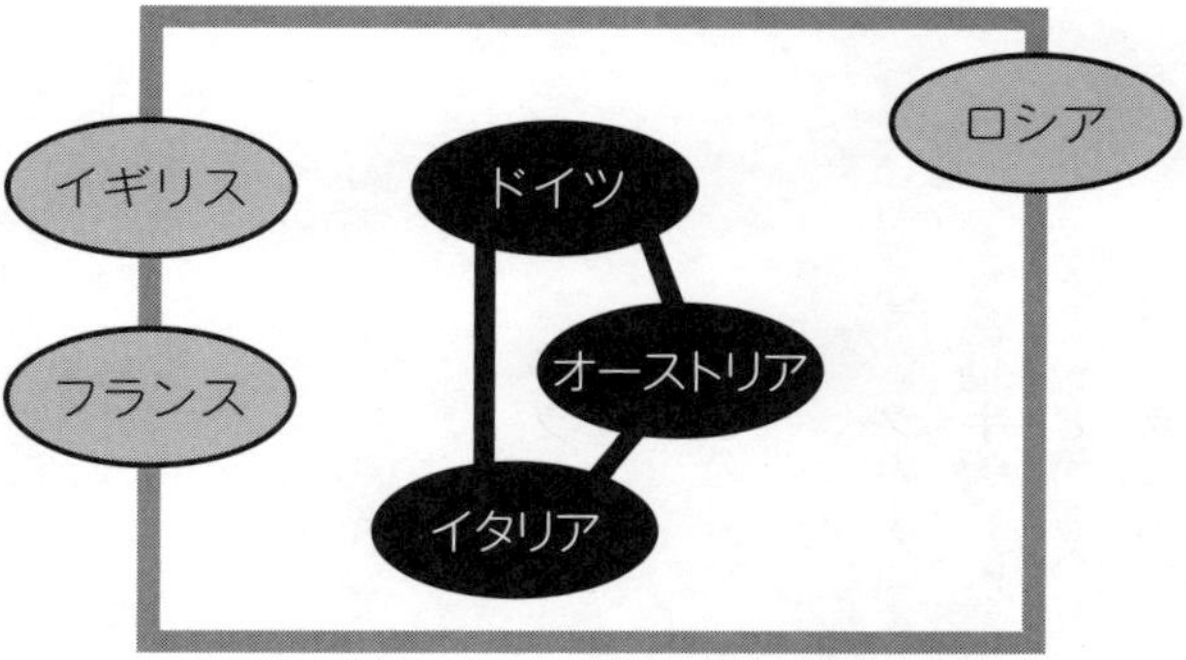

図 3-1　三国同盟と三国協商

す。そしてドイツ自身はこれ以上強大化することは避け、自制する。

このようなビスマルク外交によって、ドイツの建国による力のバランスの揺らぎと平和の維持は当初は両立できていました。

一方、このようなかたちでの平和の維持は、ビスマルクという傑出した外交家の存在があってはじめて成り立ちえたものでした。事実、一八九〇年にビスマルクが引退しますと、ヨーロッパの国際関係はあっという間に一変します。ドイツはビスマルク時代の自制心を捨て、軍備拡張と植民地獲得に乗り出しました。経済力でもイギリスを追い抜くようになります。

これに対し、一八九四年にさっそくフランスとロシアが手を組みました。フランスとロシアが提携すると、ドイツは敵対国に東西から挟み撃ちにされる格好になります。これはビスマルクが絶対に避けようとしていた事態でした。

続いて一九〇四年にフランスとイギリスが、一九〇七年にはイギリスとロシアも手を結び、結果的に「三国協商」が成立しました。「協商」とは、同盟ほど形式ばっていない協調関係のことで、この場合の「商」は商売ではなく「相談する」の意味です。事実上のドイツ包囲網でした。

一方のドイツも、一八八二年以来のオーストリアとイタリアとの「三国同盟」で固めます。

お互いの安全が低下する「安全保障のジレンマ」

ここで第一次世界大戦直前のヨーロッパの緊張状態を確認するために、当時のドイツ、そしてドイツと敵対するフランス・ロシアの連合それぞれの兵力数の変遷をみてみましょう。

年	ドイツ	フランス・ロシア
1890	50万	60万・84万
1895	60万	
1900		62万・114万
1905	65万	
1910		65万・138万
1914	86万	79万・132万

表3-1　ドイツとフランス・ロシアの兵力数の変遷

出典：Correlates of War, National Material Capabilities（v6.0）をもとに筆者作成。

まず一八九〇年にはドイツ軍の兵力数五〇万に対して、フランス・ロシア軍の合計兵力数は一四四万でした。これが一九一四年になりますと、ドイツ軍の兵力数が八六万まで増えます。一方、フランス・ロシアの側も二一一万まで増大しました。敵対する陣営のあいだで、軍拡競争が起こったわけです。

これが両陣営のあいだの緊張感を高め、第一次世界大戦につながっていったことは否めません。軍拡競争はお互いに相手への不信を招きます。相手は自分を攻撃するために軍拡をしているのにちがいないと、お互いに不信感を高めるということです。また、今後相手が強くなるのなら、その前に叩《たた》いてしまったほうがよいという、先制攻撃の誘惑にかられやすくなります。

なんでそんな愚かなことを、軍拡競争などしなければいいのに、と思った人もいるでしょう。

しかし、これは必ずしも愚かなこととはいえないのです。というのも、この場合、ドイツ、フランス、ロシアの兵力数を、たとえばそれぞれ二〇万、二〇万、二〇万といったように同じにし、この数字から増やさないことにする、といったような軍備管理が、非常にできにくい状況だからです。なぜ軍備管理ができにくいのでしょうか。

ここでまず、ドイツの立場に立って考えてみてください。ドイツは地理的にフランスとロシアのあいだに挟まれて存在しています。なおかつ、今フランスとロシアはドイツと敵対する協商関係にあります。

とすると、ドイツとしては、フランス軍二〇万とロシア軍二〇万がお互いに示し合わせて同時にドイツの東西から攻め込んでくることを、最悪の事態として想定しておかなければなりません。対フランスと対ロシアの二正面戦争です。そうするとドイツの兵力数は二〇万では足りない、というのがドイツ軍部の判断になります。フランスとロシアが二〇万ずつなら、ドイツは四〇万の兵力を持つことで、ようやく安心できるのです。

ところが、ここでもう一方のフランスの立場に立ってみると、景色がちがってみえてきます。フランスとロシアが同時にドイツを攻撃してくることに備えなければならない、というのは、フランスからすればあくまでドイツ側の言い分にすぎません。フランスにとっての最悪の事態とは、自分たちには二〇万の兵力しかないのに、その倍のドイツ軍四〇万と戦わなければならず、しかもロシアが助けてくれない場合です。そのような最悪の事態を想定すると、フランスとしては四〇万の兵力が必要になるわけです。

ロシアの場合も同じです。自国だけでドイツ軍四〇万と戦わなければならないとすれば、フランスがそうするのと同じく、ロシアも自前で四〇万の兵力を保持するようになるでしょう。

すると今度はドイツが焦ります。せっかく兵力を四〇万まで増強して安心できたばかりなのに、気がつけばフランスとロシア合わせて八〇万の兵力になっているではありませんか。同時侵攻に備えるのなら、ドイツも八〇万に増やさないといけません。そうすると今度はフランスとロシアもドイツに対抗して、それぞれ八〇万にまで軍拡しなければばならなくなる……。こうしてこれらの三カ国は、いつの間にか軍拡競争のスパイラル（連続的に同じ方向に進むこと）に陥ってしまったようです。

「地獄にいたる道のりは、善意で敷きつめられている」。「はじめに」で紹介した、ジョンソンの声が聞こえてくるようですね。「囚人のジレンマ」の話で説明したように、部分部分による合理的な選択の結果、全体として不合理な結果に陥ってしまう、集合行為問題の発生です。

今起こった軍拡競争のスパイラルは、集合行為問題の一種で、**「安全保障のジレンマ」**と言います。**「合理的に考えて自国の安全を高めることになるはずの選択が、相手国にも安全のための合理的な対抗措置をとらせることになり、結果的にお互いの安全を低下させること」**を指します。お互いに相手を信じて何もしないか、それとも自国だけバカをみるのは避けるかの板挟みの状況で、それぞれが手を打つことでお互いの安全が低下する結果になるわけです。

しかも、国際社会は無政府です。第一次世界大戦直前のヨーロッパでは、敵対する陣営のあいだで「安全保障のジレンマ」が発生し、緊張が高まっていったとみることができるでしょう。

周辺大国を次々に引きずり込んだ第一次世界大戦

こうしたなかで、一九一四年六月二八日、バルカン半島にあるオーストリア領ボスニア南部のサラエボ（現在のボスニア・ヘルツェゴビナの首都）で、運命の銃声が鳴り響きました。銃撃を受けて死亡したのは、この地を訪問していたオーストリア皇嗣夫妻で、犯人はセルビア人でした。

この暗殺事件の背景には、オスマン帝国衰退後のバルカン半島への支配を強めるオーストリアと、それに反発する現地のセルビア人勢力との対立がありました。そしてセルビアのうしろには、ロシアがひかえていました。歴史的にはロシアの出自はモンゴル帝国にあるのですが、自分たちは東ローマ帝国の後継者だと称してバルカン半島に手をのばし、セルビアなどの後ろ盾となって、オーストリアとはライバル関係にありました。

オーストリア皇嗣夫妻暗殺がきっかけとなってオーストリアとセルビアの関係がこじれますと、七月二八日にオーストリアはセルビアに対し戦争を宣言しました。ところが紛争は当事国であるオーストリア・セルビアのあいだのものにとどまらなくなります。七月二九日、セルビアの兄貴分にあたるロシアが、オーストリアに対抗して動員をかけたのです。動員とは兵士を招集することですから、ロシアはオーストリアとの戦争の準備態勢に入ったということですね。

これに対して八月一日、オーストリアと三国同盟を結ぶドイツが、ロシアに対して宣戦をおこない、一気に大国間の戦争にエスカレート（拡大）しました。

さらに八月三日から四日にかけて、今度はロシアと三国協商を組むフランス・イギリス両国もドイツと戦争状態に入りました。

こうしてオーストリア・セルビア間の紛争は、一週間あまりで周辺大国を引きずり込み、ナポレオン戦争以来の大戦争である第一次世界大戦に発展することになったのです。

同大戦の交戦国のうち、ドイツ・オーストリア側を中央同盟国、三国協商側を連合国と称します。なおイタリアは、三国同盟の一員であったにもかかわらず、裏切って連合国側に加わりました。日本も、一九〇二年にイギリスと結んでいた日英同盟にもとづいて連合国として参戦しています。アジアのドイツ植民地を奪うことが目的でした。

さて主戦場であるヨーロッパでは、開戦後ほどなく、ドイツの東西、すなわち東部戦線と西部戦線で両陣営とも軍の動きがつかなくなる膠着《こうちゃく》状態となります。その後、大戦中の一九一七年にロシア革命という大事件が起こり、ロシアで帝政が倒れて世界初の共産主義国家であるソビエト連邦（ソ連）が誕生することになります。

共産主義国は、貧富の差をなくすことを掲げ、自由な経済活動を認めるアメリカなどの自由主義国と対立関係にあります。自由主義陣営と共産主義陣営の対立は、第二次世界大戦後に「冷戦」にいたるのですが、そのことは第五章で改めて説明しましょう。

話を戻すと、革命後のロシアは、自国だけドイツと単独講和して戦線から離脱しました。これによりドイツが有利になるかと思いきや、同じ年に、それまで中立を保っていたアメリカが対ドイツ宣戦をおこない、連合国側が優位に立ちました。イギリスに物資を運ぶアメリカ商船が、ドイツ海軍の潜水艦によって相次いで撃沈されたためでした。

一九一八年に入って敗色が濃くなったドイツは、アメリカを通じた妥協的な休戦を探りますが、この間にオーストリアが連合国側に降伏し、ドイツ国内でも戦争指導に対する不満が爆発して革命が起こり、帝政が倒れるなど、事態が一気に流動化することになりました。新たなドイツ政府は、連合国側が受けた損害を賠償することや、ドイツ側の武装を解くことといった連合国側からのほとんど一方的な要求を受け入れ、休戦が成立します。退位したドイツ皇帝は国外に逃れました。

ちなみに皇帝のことをドイツ語で「カイザー」、ロシア語で「ツァーリ」といいますが、どちらも紀元前一世紀の古代ローマの支配者であったユリウス・カエサルの「カエサル」が転じたものです。ヨーロッパ人はローマ帝国が大好きでした。西ローマ帝国が滅びたのちも、東ローマ帝国や神聖ローマ帝国という名を重んじてきました。第一次世界大戦によってカイザーとツァーリがともに消えたことで、名実ともにローマ帝国の栄光は終わったのです。

第一次世界大戦は、連合国側で約五〇〇万、中央同盟国側で約三〇〇万の死者を出した途方もない戦争でした。一九一九年に連合国とドイツのあいだでベルサイユ講和条約が結ばれましたが、これは前年の休戦条件を反映した、ドイツにとって過酷な内容でした。ベルサイユ講和条約に対するドイツの怒りが、二度目の世界大戦につながっていくわけですが、そちらは第四章で詳しくみていくことにします。またオーストリアは、第一次世界大戦での敗戦によって支配下にあった諸民族が独立し、大国としての地位を失いました。

時間にせかされたシュリーフェン計画

さてここまでみたように、第一次世界大戦とは、もともとはオーストリアとセルビアのあいだの紛争として始まったものでした。それがなぜわずか一週間あまりのあいだに、ドイツや三国協商といった周辺大国を引きずりこむ大戦争にエスカレートすることになったのでしょうか。

ここでキーワードとなるのが、「脆弱性《ぜいじゃくせい》」です。脆弱性とは、もろくて弱い性質という意味です。

たしかにオーストリアとセルビアのあいだには、サラエボでのオーストリア皇嗣夫妻暗殺事件という明確な戦争原因がありました。ところが、ロシアとオーストリア、あるいはドイツとロシアそれぞれの関係についてはどうでしょうか。これらの国ぐにのあいだでは、このタイミングで戦争をしなければならない理由は本来なかったはずです。

実はオーストリアがセルビアに宣戦したときにロシアが動員をかけたのは、積極的にセルビアに加担して戦争をエスカレートさせようとしたからではありませんでした。ロシアは、「ここでセルビアをオーストリアから守れなければ、バルカン半島の親ロシアの弟分たちに示しがつかず、この地域での主導権をオーストリアに奪われかねない」と心配していました。これがロシアの弱み、つまり脆弱性です。そこで動員をかけることで、オーストリアに向かって「セルビアを攻撃すればロシアは黙っていないぞ」と脅しをかけ、セルビアへの攻撃を思いとどまらせようとしたわけです。

ところが、ロシアが動員をかけると、これにドイツが過敏に反応することになりました。ドイツの過敏な反応は、当時ドイツが持っていた戦争計画に関係しています。「シュリーフェン計画」と呼ばれる戦争計画で、立案したドイツ軍参謀総長のアルフレート・シュリーフェン元帥の名に由来します。

先ほど「安全保障のジレンマ」のところでも述べましたが、地理的にドイツはフランスとロシアに挟まれています。そのためドイツには、対フランスと対ロシアの二正面戦争を強いられる危険があります。これがドイツという国が抱える一番の脆弱性です。

図 3-2　シュリーフェン計画

シュリーフェン計画とは、このようなドイツの脆弱性を克服するために立案された作戦でした。地理的にフランスとロシアに挟まれたドイツの脆弱性は、どうすれば克服できるでしょうか。

シュリーフェンの答えは、開戦直後に全力でフランスを叩く、というものでした。じゃあその間ロシアのことはどうするのかというと、とりあえずうっちゃっておきます。うっちゃっておいても大丈夫。なぜならロシアは国土が広すぎて、動員に時間がかかるはずだからです。

ロシアが動員でもたついているスキに、ドイツ軍の総力をつぎ込んでフランスを叩きのめす。そして西側（フランス）からの脅威を取り除いたところで、そのころにはようやく動員を完了させているであろうロシア軍に向けて、全兵力を東へと反転させ戦うのです。聞いているだけで目がクルクル回りそうになる作戦です。

実際このような作戦を可能にするインフラ（生活の基盤）をドイツは整備していました。ドイツ全土に張りめぐらせた鉄道ネットワークです。こうしてドイツは、地理的に運命づけられた自らの脆弱性にもかかわらず、二正面戦争を強《し》いられることなく、フランスとロシアを各個撃破して戦争に勝利できるはずでした。お見事です！

しかし、実はシュリーフェン計画には大きな欠点がありました。シュリーフェン計画のキモは、ロシアが動員でもたついているスキにフランスを叩きのめすことです。ということは、逆にドイツがフランス制圧にもたつけば、その間にロシアが動員を完了させ、結局二正面戦争に陥ってしまうことになります。

そうならないためには、とにかく急ぐことが大切です。ドイツ軍は列車を駆り立てて、一分一秒でも早くフランスを制圧しなければなりません。グズグズしているとロシアが動員を完了してしまいます。シュリーフェン計画は、時間に追われる戦争計画なのです。

以上を踏まえて、一九一四年七月二九日に立ち戻ってみましょう。この日ロシアは、オーストリアにセルビアへの攻撃を思いとどまらせようとして動員をかけ始めました。このことを、シュリーフェン計画のような時間にせかされた戦争計画を持っているドイツが、他人事のようにのんきに眺めていられるはずがありません。ロシアが動員をかけたらしい。さあ大変、急いで始めないと。何を？ 対フランス攻撃をです。

弱みがあるから手を出す「脆弱性による戦争」

八月三日、ドイツはフランスに対し宣戦しました。このとき、ドイツとフランスの二国間関係そのもののなかに戦争をしなければならない明確な理由があったわけではありません。それでもドイツは、シュリーフェン計画を発動させてフランスを攻撃せざるをえませんでした。そうしなければ、自分がフランスとロシアに挟み撃ちにされるのです。

一方のフランスも、ドイツを迎え撃ちます。もしロシアがドイツに負ければ、その後は大陸国ではフランスだけでドイツと対抗していかなければならなくなります。フランスの脆弱性です。ドイツとロシアが戦争するのであれば、フランスはロシアが負ける前に参戦しなければなりません。これはロシアにしてみても同じです。

ドイツにとって計算外だったのは、翌八月四日、イギリスがドイツに対し宣戦してきたことでした。たしかにイギリスはロシアやフランスと三国協商を結んでいますが、それでもこの時点でドイツとイギリスのあいだで戦争をしなければならない明確な理由はありません。それではなぜイギリスは参戦したのでしょうか。

イギリスの立場に立ってみてください。もしイギリスが事態を傍観すれば、シュリーフェン計画が成功し、ドイツがフランスとロシアを各個撃破してしまうかもしれません（シュリーフェン計画は公表されていました）。そうなったとき、イギリスは、イギリス一国だけで、ヨーロッパを制覇した強大なドイツと向き合わなければならなくなります。それではもはや手遅れです。フランスやロシアが抱えていたのと同じ種類の脆弱性を、イギリスも抱えていたということです。

なお、実際にはシュリーフェン計画は失敗に終わりました。ドイツがフランスを制圧するよりも前に、ロシアはドイツが想定していたよりもはるかに早い期間（約二週間）で動員を完了させてしまったからです。こうして第一次世界大戦では、前に述べた通り結局は東部戦線と西部戦線の二正面での膠着状態が生じるわけです。

ここまで説明したことをまとめてみましょう。第一次世界大戦でもともと戦う理由があった当事国は、オーストリアとセルビアだけです。それ以外の周辺大国は、積極的に戦争がしたくてこれに介入したのではありませんでした。**「相手に対し手を出さなければ弱みを抱える自分がやられるという恐怖から、戦争に入っていかざるをえなかった」**のです。これが、オーストリア皇嗣夫妻暗殺といった単純な理由に帰すことのできない、第一次世界大戦の本当の原因です。

このようにして始まる戦争のことを、カナダの国際政治学者ジャニス・スタインは**「脆弱性による戦争」**と呼びました。「安全保障のジレンマ」の、極限状態です。

実は、もともと戦う理由がなかったドイツとフランスの戦いが西部戦線で始まったとき、本来の戦争当事国であるオーストリアとセルビアの戦いはまだ始まっていなかった、というのは、第一次世界大戦がいかなる戦争であったかをもっともよく表しているエピソードといえるでしょう。

「巻き込まれ」と「見捨てられ」の「同盟のジレンマ」

最後に、本来の戦争当事国であるオーストリアとセルビアに目を向けてみましょう。両国はなぜ自制できなかったのか。

オーストリアとセルビアがそれぞれ自制を働かせなかったことは、同盟の「モラル・ハザード」（節度の喪失）として説明できます。自動車保険に入ったドライバーが、たとえ事故を起こしても保険がおりるからと安心し、スピードを出しすぎて逆に事故を起こす危険が高まるという現象があります。これがモラル・ハザードです。

第一次世界大戦の場合、セルビアは、オーストリアと事を構えても、いざとなったらロシアという頼れる兄貴が助けに来てくれると安心していました。オーストリアも、セルビアやその背後のロシアに対し少々強気に出ても、最後はドイツが出てきてくれると考えます。ロシアとドイツは、自分たちの**同盟国との結びつきが強すぎて、同盟国が勝手に始める戦争に「巻き込まれ」てしまった**わけです。

かといってロシアやドイツとしては、それぞれの同盟国であるセルビアとオーストリアをぞんざいに扱うこともできません。「兄貴はいざというときに頼りにならない」と思われてしまうと、同盟国が自分の陣営から離れていってしまうかもしれないからです。**同盟相手との結びつきが弱すぎると、「見捨てられ」る**ことになりかねません。

アメリカの国際政治学者マイケル・マンデルバウムは、同盟がこのような「巻き込まれ」の恐怖と「見捨てられ」の恐怖の板挟みになることを、**「同盟のジレンマ」**とよびました。

今はロシアとドイツを主語にしましたが、セルビアとオーストリアの側にも、ロシアやドイツによる戦争に巻き込まれる恐怖がありますし、いざとなったときにロシアやドイツから助けてもらえず、見捨てられる恐怖があるわけです。同盟内では、同盟相手とのこのような間合いの取り方が難しいのです。

日本は一九五一年にアメリカとのあいだで日米安全保障条約を結び、日米同盟を結成しています。日本にアメリカ軍が駐留しているのはこのためです。ただし、日本に駐留するアメリカ軍が日本以外の地域に軍事介入する場合、日本政府と事前に協議しなければならない仕組みがあります。日本はこの「事前協議制度」によって、アメリカの戦争に巻き込まれないようにしているわけです。

一方、日本の領土である尖閣《せんかく》諸島を中国が自分のものだと主張していることに対し、日本はアメリカが尖閣諸島を守ることの確認をアメリカから取りつけています。マンデルバウムの分析レンズにもとづくと、見捨てられるのを避けるためと解釈できそうです。

そうすると、対立する国同士のあいだでは「安全保障のジレンマ」が、提携する国同士のあいだでは「同盟のジレンマ」が生じる可能性があると整理できるでしょう。

いずれにしても、第一次世界大戦の反省から、「怖がっている相手を脅してはいけない」という教訓が学びとられました。たしかにこのことは大切な教訓です。ところが、今度は第一次世界大戦の教訓を学びすぎ、本来脅してでもとめないといけない侵略を見過ごす、といったことが生じてしまいます。それが、次の章でみる第二次世界大戦を防げなかった原因になってしまうのです。

第四章　世界大戦はなぜ起こったか②――機会主義的戦争

歴史のターニングポイント

「北のローマ」とも呼ばれるドイツ南部の文化都市ミュンヘン。この美しい街の一角に、広場に面した三階建ての古典様式の建物があります。ドイツの独裁者ヒトラーの、ミュンヘンでの総統官邸として使われていた場所です。

一九三八年にこの場所で開かれたある外交交渉が、第一次世界大戦後の歴史のターニングポイントになりました。

ヒトラーの野望

第一次世界大戦に敗北したドイツは、イギリスやフランスなどの戦勝国から過酷な講和を押しつけられただけでなく、一九二九年に起こった「世界恐慌」と呼ばれるアメリカ発の世界的な大不況にも直撃されました。

そうしたなか、ドイツではベルサイユ講和条約によって定められた世界の在り方を否定する過激な指導者ヒトラーが登場し、ナチス党を率いて政権を握ります。ナチス・ドイツは隣の国のオーストリアやチェコスロバキア（現在のチェコとスロバキア）を併合するなど、周辺諸国を侵略し始めました。さらに一九三九年九月一日、ドイツ軍はポーランドに侵攻します。

このようなことを放置したままにすれば、ヨーロッパ全体が「ヒトラー帝国」に飲み込まれてしまいます。そこで同月三日にイギリスとフランスがドイツに宣戦して、第二次世界大戦が勃発しました。

ドイツ軍は事前に協定を結んでいたソ連軍とともに、またたく間にポーランド全域を制圧します。翌一九四〇年にはフランスの大部分を占領して屈服させ、イギリスに対しても本土上陸のための航空攻撃を開始しました。この間にイタリアもドイツ側に立って参戦します。ヒトラーによるヨーロッパ制覇は目前かと思われました。

ところがイギリスはドイツからの攻撃をしのぎきり、いらだったヒトラーは矛先をソ連に転じて、一九四一年六月にソ連侵攻を開始しました。ところがこれがヒトラー転落

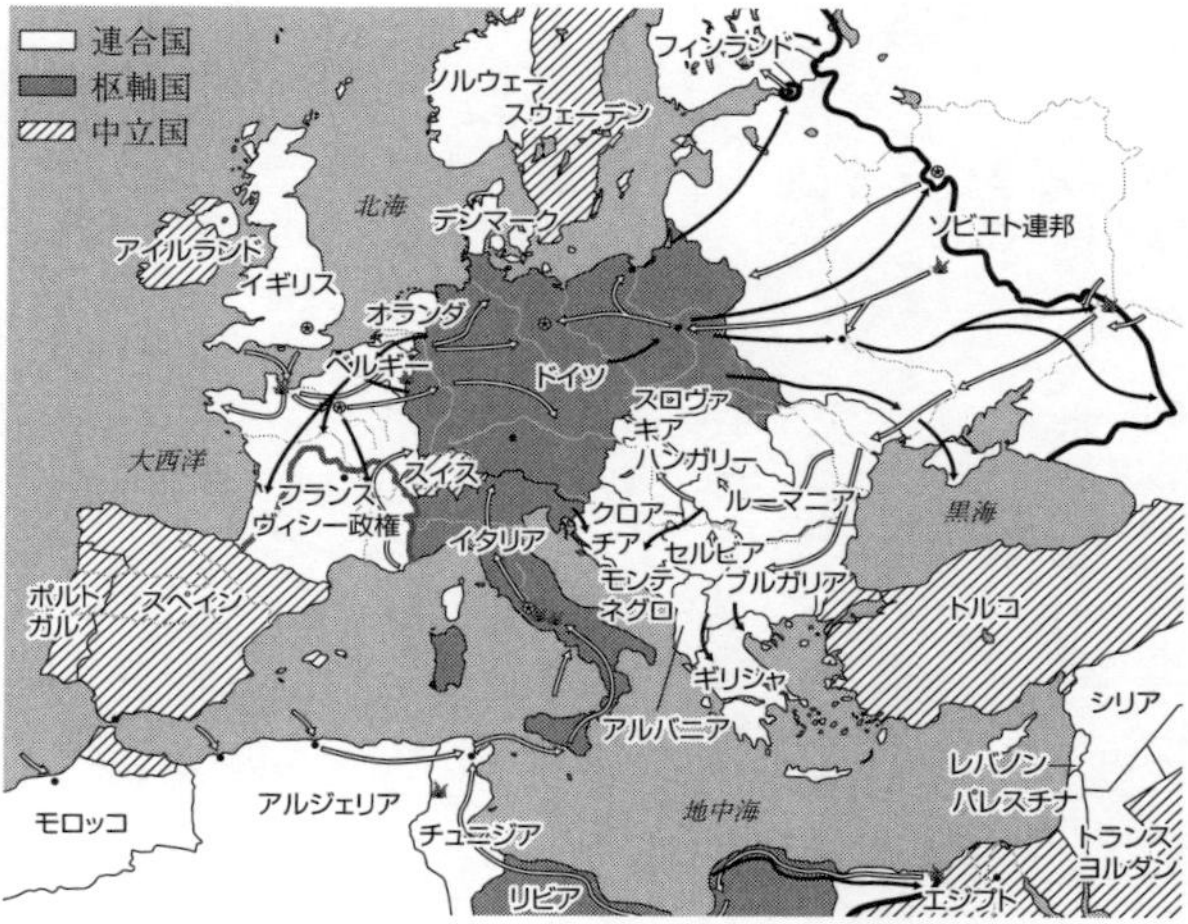

図4-1　ヨーロッパでの第二次世界大戦

の第一歩となります。

一方、同年一二月七日（ハワイ時間）に、太平洋で日本軍がハワイの真珠湾にいたアメリカ艦隊を奇襲攻撃しました。これを受けて、前年に日本と三国同盟を結んでいたドイツとイタリアもアメリカに宣戦し、アメリカが第二次世界大戦に加わることになりました。

ヨーロッパでの第二次世界大戦の潮《しお》目《め》となったのは、一九四三年二月にソ連西部のスターリングラードの攻防戦でドイツ軍がソ連軍に敗北したことでした。以後、東部からソ連軍がドイツ本国に向けて攻め返してきます。

これより約一三〇年前に、ヒトラーとまったく同じ失敗をした人物がいました。ナポレオンですね。ナポレオンもイギリスをなかなか攻略できないことに業を煮やしてロシア遠征に向かい、その結果すべてを失ったのでした。なお一九四三年九月にはイタリアが連合国側に降伏しています。

一九四四年に入ると、アメリカ・イギリス連合軍がフランス北西部のノルマンディー上陸に成功し、ドイツは連合軍に東西から挟み撃ちにされることになってしまいました。一九四五年四月、ソ連軍がドイツの首都ベルリンに進撃するなか、ヒトラーは自殺し、五月にドイツは連合国に無条件降伏しました。敗者は両手を上げて、何でも勝者の言いなりになるというようなかたちの降伏です。連合国はドイツの主権の消滅を宣言します。ヨーロッパでの第二次世界大戦の死者数は、連合国側で三〇〇〇万人以上、枢軸国側で八〇〇万人以上に上りました。

ちなみに第二次世界大戦の結果、ドイツ領は大幅に削られ、近世・近代ヨーロッパの大国であり、ドイツ統一を主導したかつてのプロイセンの領土は、現在ではほとんどがポーランド領とロシア領（飛び地のカリーニングラード）になってしまいました。

つい三〇年ほど前に第一次世界大戦を経験したばかりであったにもかかわらず、なぜ二度目の世界大戦を避けることができなかったのか。そのことを探るうえで重要なのが「ミュンヘン」なのです。

侵略者の言いなりになってはいけない「ミュンヘンの教訓」

前の章では、第一次世界大戦の発生について、「脆弱性《ぜいじゃくせい》による戦争」という分析レンズを学びましたね。復習しますと、積極的に戦争をしたいわけではないけれども、相手に対し手を出さなければ弱みを抱える自分がやられるという恐怖から、戦争に入っていかざるをえない、という戦争発生のメカニズムでした。

そうすると、戦争を防ぐためには、怖がっている相手を脅してはいけない、ということになります。相手を思いとどまらせるどころか、相手を不必要に怖がらせて先に手を出させることになりかねないからです。ところが、このような第一次世界大戦の教訓を学びすぎ、本来脅してでもとめないといけない侵略を見過ごしてしまったことが、第二次世界大戦につながっていくことになってしまいます。

具体的にみていきましょう。第二次世界大戦はドイツによるポーランド侵攻によって火ぶたが切られました。ただ、ヒトラーによる侵略は、ポーランドをねらったものが最初ではありませんでした。

前に述べた通り、ドイツはポーランド侵攻に先立って、その前年にチェコスロバキアを併合しています。実はこのときイギリスとフランスは、ドイツによるチェコスロバキア併合に反対してやめさせようとするどころか、これを認めてしまっていたのです。

一九三八年九月三〇日、ヒトラーがチェコスロバキアの併合を要求していることをめぐって、ヒトラーと、イギリス、フランス、イタリア首脳が、ミュンヘンの総統官邸で話し合いをおこないました。これが歴史に悪名高いミュンヘン会談です。

当時イギリスとフランスは、ヒトラーの領土要求を受け入れなければ、ドイツと戦争になるかもしれないと恐れていました。一方ヒトラーはミュンヘン会談で、チェコスロバキアがドイツの最後の領土要求だと、イギリスとフランスに約束しました。

そこでイギリスとフランスは、「もしドイツがチェコスロバキア併合を強行すれば、

ミュンヘン会談

イギリスとフランスはチェコスロバキアを守るために軍事介入する」といったような強い姿勢はとらず、逆にドイツの言い分を聞き入れてしまいます。ドイツとの戦争を避けるため、チェコスロバキアを見捨てたわけです。

ミュンヘン会談を終えたイギリスとフランスは、「チェコスロバキアは犠牲になってしまったが、おかげでドイツとの戦争は避けられ平和が保たれた」とホッとしたのでした。

しかし、ヒトラーの受けとめ方は、イギリス・フランスとはまったくちがっていました。今言いましたように、イギリスとフランスは、ドイツとの戦争を避けるため、チェコスロバキアを見捨てたわけです。

そのような弱腰のイギリス・フランスならば、ドイツがたとえ約束を破って次にポーランドを手に入れようとしたとしても、ポーランドのこともまた同じように見捨てるにちがいない。ドイツと戦争をしたくないからといってチェコスロバキアを見捨てたイギリスとフランスが、なんでポーランドのためにドイツと戦争するのか。ヒトラーがこう考えたのは不自然ではありません。

ミュンヘン会談でのイギリスとフランスの対応は、ヒトラーの侵略を抑えるどころか、結果的には後押しすることにすらなったのでした。ここから得られるのが、**「ミュンヘンの教訓」**です。一度でも侵略者の言いなりになってしまえば、ミュンヘン会談後に起こったことのように、**さらなる侵略を誘発する**だけです。侵略は、最初の一歩が踏み出された時点で、すぐさま押し返さなければならないのです。

つまり、積極的に戦争をしたがっている侵略者に対し、脅してでもとめようとする代わりに、その言い分を聞いて宥《なだ》めることは、戦争回避にとって実は逆効果だということになります。

チャンスがあれば打って出る「機会主義的戦争」

ヒトラーがおこなったように、**「チャンス（機会）があれば積極的に攻撃をしかけようとする」**かたちで始まる戦争を、**「機会主義的戦争」**と呼びます。前の章で紹介したスタインによる分類で、脆弱性による戦争と対比される概念です。

日本を代表する国際政治学者である土山實男《つちやまじつお》は、その代表作『安全保障の国際政治学』のサブタイトルを「焦りと傲《おご》り」としました。「焦り」はここでいう脆弱性による戦争、「傲り」は機会主義的戦争を指しているといえます。

機会主義的戦争を回避するためには、脆弱性による戦争の場合とは異なり、**「脅しをかけてでも相手の行動を抑え止《とど》める」**ことが有効になります。これを**「抑止」**といいます。

一方、抑止とは逆に、**「相手が怖がって先に手を出してこないようにするために、相手を安心させる」**ことが**「安心供与」**です。

このように戦争発生のメカニズムには二種類あり、それによって異なる対応をとる必要があるといえます。単純化していえば、**「脆弱性による戦争を防ぐには安心供与が、**

機会主義的戦争を防ぐには抑止が有効」と整理できるでしょう。

このことを両世界大戦に当てはめてみますと、第一次世界大戦の場合は、脆弱性による戦争が起ころうとしていたのに抑止がなされ、第二次世界大戦の場合は機会主義的戦争が近づくなかで安心供与がなされた、といえそうです。第二次世界大戦については、安心供与どころか、侵略者を宥め、言い分を聞く「宥和《ゆうわ》」がなされたといってもいいでしょう。いずれにしても、本来とられるべきものと真逆の対応がなされてしまったことになるわけです。

ただし、脆弱性による戦争を防ぐには安心供与が有効、というのは、核兵器を使った戦争の場合は少し話がちがってきます。そのことは第六章で改めて説明します。

抑止されなかった日本

ところで、第二次世界大戦はヨーロッパだけで戦われた戦争ではありません。地球の反対側のアジア太平洋では、日本と中国、アメリカ、イギリスが死闘を演じ、終末期にはソ連もここに加わります。

一九三一年九月一八日、日本軍が清王朝の発祥の地でもある中国東北部の満州で軍事行動を起こし、同地域を占領してここに「満州国」という日本の傀儡《かいらい》（操り人形）国家を建国します。満州事変です。清は一九一一年に革命で倒れ、中華民国が成立しましたが、その後内乱状態となり、そこに日本がつけ入ったのでした。

満州事変ののちも日本による中国侵略は続き、一九三七年にはついに日本と中国との全面戦争にエスカレートします。日中戦争です。

歴史上、中国の王朝が滅亡すると、国内の諸勢力に加え、周辺の異民族も巻き込んだ大動乱が起こる、ということが繰り返されてきました。二〇世紀でも同じことが起こり、今回は初めて日本が中国の動乱に積極的に加担したものといえそうです。

さて、中国はもとより、東南アジアに植民地を持つイギリス・アメリカなど、この地域に利害関係を持つどの国も、日本の勝利を望みませんでした。逆風のなかで、日本による中国での戦いは長期化していきます。

とくに一九四一年六月に日本の同盟国ドイツがソ連に侵攻しますと、ソ連にとっては、日本が中国と泥沼の戦いに足をすくわれていることが利益でした。ドイツと日本に挟み撃ちにされないためです。またソ連とともにドイツと戦っているイギリスと、連合国を支援する立場にあったアメリカも、中国に勝利した日本がソ連に矛先を向けることはドイツを利することになるので好みませんでした。

日本が中国との長期戦を戦うためには石油などの資源が不可欠です。しかし日本自身は資源小国ですので、どこからか調達してこなければなりません。そこで日本が目をつけたのが、東南アジアの資源地帯でした。

第一章でみた通り、ヨーロッパやアメリカはアジアの多くの地域を植民地化しており、東南アジアではベトナム、ラオス、カンボジアなどのインドシナはフランスが、フィリピンはアメリカが、マレーシアやビルマ（現在のミャンマー）はイギリスが、インドネシアはオランダが、それぞれ支配していました。

日本は資源獲得を目的として、一九四〇年九月にこのうちフランス領インドシナ北部に軍を進めます。なぜそんな勝手なまねができたかというと、同年六月にフランス本国がナチス・ドイツに負けたからですね。日本は敗戦国の植民地に、いわば火事場泥棒のようにして入っていったのでした。

このように日本は満州事変以降、中国や東南アジアで機会主義的な軍事行動を続けてきました。この間、アメリカなどの国際社会は、日本を抑止することはせず、日本の行動を黙認してきました。ミュンヘン会談ほど露骨ではなくとも、結果的には日本に宥和してきたとさえいえるでしょう。しかし日本に対する宥和は、機会主義的戦争を助長させただけでした。

一九四一年七月、日本はインドシナ南部にも兵を進めます。さきほど述べたようにドイツが前年にフランスを負かしたことに加え、この年の六月にはソ連に侵攻したため、日本は北のソ連から背後を脅かされる危険を感じることなく、南に向かうことができるようになったのでした。このようにアジア情勢とヨーロッパ情勢はお互いに関連しているのです。

「清水の舞台から飛び降りる」

この段階になってアメリカは、ようやく強硬手段に出ました。日本に対する石油輸出の全面的な禁止です。アメリカは、日本の目的はインドシナ北部のみならず、東南アジア全域の支配にあると認識したからです。日本が東南アジア全域を支配することになれば、アメリカやイギリスの植民地が失われ、資源を得た日本が中国に勝利するだけでなく、ソ連を脅かして、ドイツがヨーロッパを制覇することにもつながりかねません。

ただし、ここでのアメリカの対応は経済制裁にとどまり、日本が侵略をやめなければ攻撃するといったような、強い抑止ではありませんでした。それでも、石油の全面禁輸は日本側に大きな衝撃を与えました。石油がなければ、日本軍がどれだけ軍艦や戦闘機をそろえたところで、ガラクタにすぎなくなってしまいます。

アメリカは日本に対し、強烈な経済制裁をくらわすことで、日本による機会主義的戦争のエスカレーションを抑止しようとしました。日本軍といえども、石油がなければ戦えまい。であれば、東南アジアや中国の占領地から撤退するしかなくなるだろう。これがアメリカのねらいでした。

ところが日本軍は、アメリカに屈服することなくこの窮地から脱することができそうな、とんでもない作戦を思いついてしまいました。日本海軍連合艦隊司令長官の山本五《やまもとい》十六《そろく》提督が立案した、真珠湾のアメリカ艦隊に奇襲攻撃をかけて壊滅させるという作戦

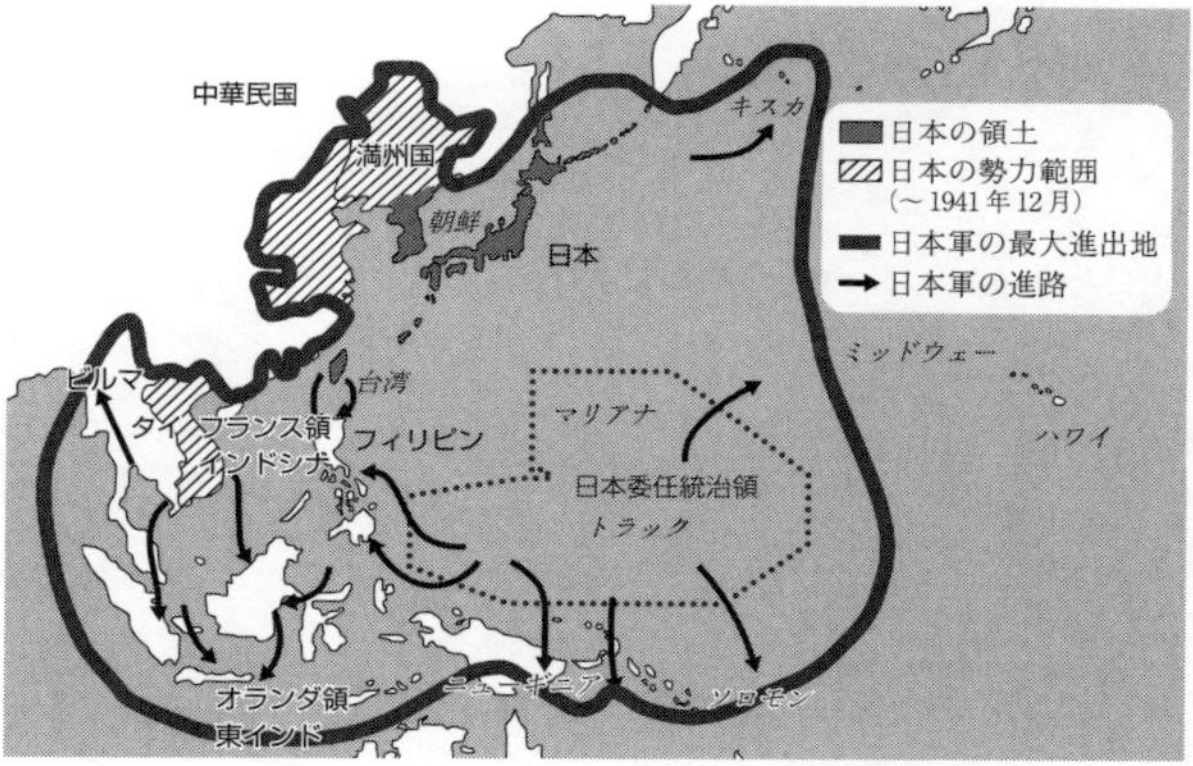

図 4-2　アジア太平洋での第二次世界大戦

です。

さらに日本は、同盟国ドイツがイギリスを下せば、アメリカは日本と戦う意欲をいよいよ失い、最終的には引き分けに持ち込めるだろう、とも見積もりしました。アメリカが手を引けば、日本は東南アジアの資源地帯を確保でき、そうすれば中国との戦争を際限なく続けられるというわけです。

日本にとっての主戦場は中国であり、東南アジア侵攻はあくまで中国戦線を維持するための手段でした。真珠湾攻撃にいたっては、その東南アジア侵攻をアメリカに邪魔されないようにするための周辺作戦にすぎなかったのです。

ところが真珠湾を攻撃してみたものの、実は日本軍の標的だった米空母（航空母艦。多数の飛行機を乗せることで世界中の海で戦力を展開できる）はほとんど出払ってしまっており、この作戦は軍事的には失敗でした。しかもアメリカは日本による奇襲で戦う意欲を失うどころか、逆に怒り狂い、日本が無条件降伏するまで徹底的に戦うという道を選びました。

ドイツ勝利のあても外れ、日本は広大な中国戦線を抱えながら、太平洋で空母を展開するアメリカ軍の反撃に追い詰められていきました。日本本土も、アメリカ軍による爆撃で壊滅的な被害を受けることになります。

一九四五年八月、アメリカは広島と長崎に対し核兵器を使用し、ソ連も対日参戦したことで、進退きわまった日本は連合国側に無条件降伏することになりました。ここにいたるまでの死者数は、アメリカ側約一〇万、日本側約三〇〇万でした。このほかに、アジア太平洋全域で二〇〇〇万人以上が死亡したとされています。

最近は太平洋戦争を直接知る世代が少なくなってきています。わたしの子供時代は周囲に戦争経験者がいるのがまだ当たり前でした。

ビルマに陸軍少尉として出征した父方の祖父は、退却の際に軍が用意したバスに乗り遅れたことで命拾いしたそうです。祖父が乗るはずだったバスが、出発後に敵の攻撃を受けて乗員が全滅したからです。母方の祖父は、戦場で撃たれた片足が一生不自由でした。母方の大叔父は、日本軍がほぼ全滅した硫黄島《いおうとう》からの数少ない生還者でした。戦争の記憶が風化することのないようにしていかなければなりませんね。

真珠湾攻撃に先立つ日本による中国や東南アジアへの侵略は、ドイツの場合と同じく、機会主義的戦争でした。また日本以外の国際社会を主語にすれば、日本に対し長らく抑止ではなく宥和に近い対応をとってしまったことが、日本の侵略をエスカレートさせることにつながったといえます。

加えて、アメリカは日本を抑止するタイミングを逃し続け、ようやく日本に強硬姿勢をとったときには、日本の脆弱性を刺激する結果になってしまったといえそうです。資源に関して脆弱性を持つ日本は、石油の全面禁輸によって干上《ひあ》がらされる前に、真珠湾奇襲という一《いち》か八《ばち》かの大バクチに打って出た、と考えられるからです。

真珠湾攻撃の直前、東條英機《とうじょうひでき》陸軍大臣（真珠湾攻撃時は首相）は戦争反対論者に対して、「人間、たまには清水の舞台から目をつぶって飛び降りることも必要だ」と語ったといいます。京都の清水寺《きよみずでら》の舞台は崖の上にあり、そこから飛び降りるには死ぬ覚悟が必要ですから、それくらいの一世一代の決心、という意味ですね。そしてこのたとえ話とほとんど同じことを、日本は本当に実行してしまったのです。

第二次世界大戦は、第一次世界大戦をさらに上回る膨大な犠牲者を出しました。そこで、このような悲惨な戦争を繰り返すことのないよう、戦後、平和のための新たな仕組みがつくられます。次の章でみていきましょう。

第五章　国連はなぜ機能しないのか――集団安全保障

イラクの侵略を撃退

冷戦終結直後の一九九〇年、中東のイラクが隣国のクウェートに攻め込みました。この軍事行動はクウェートの石油資源をねらった露骨な侵略でした。

このとき役割を果たしたのが国連です。国連は、戦争を違法とする国連憲章に照らしてイラクのおこないを侵略と認め、このような国連の決定の下、アメリカなどの各国が中東に軍を派遣しました。さまざまな国籍の軍が束ねられた、多国籍軍です。

翌一九九一年、多国籍軍はクウェートに侵攻していたイラク軍に対する攻撃を開始し、イラク軍をクウェートの領土から追い払いました。湾岸戦争です。ちなみに湾岸とは、クウェートが面するペルシャ湾の湾岸という意味です。

グループ全体で侵略をとめる集団安全保障

国連は、悲惨このうえない二度の世界大戦の経験から、「第三次世界大戦」を引き起こさないための平和の新たな仕組みとして生まれた国際組織です。実はこうした平和のための新たな仕組みづくりそのものは、第一次世界大戦後にすでに始まっていました。

第二章でみたように、第一次世界大戦前のヨーロッパでは、国ぐにのあいだの力のバランスを保つことで帝国ができるのを防ぐという、勢力均衡がとられていました。また、近代主権国家システムでは、戦争はまだ権利として認められていました。

しかし第一次世界大戦の破壊力があまりにもすさまじかったため、「第一次世界大戦を防げなかった勢力均衡のような仕組みに頼るのは危険だ」という声や、「そもそも侵略戦争は国際法で禁止すべきだ」とする声が強まりました。

そこで、侵略戦争を違法とすることを前提に、勢力均衡に代わる新たな平和のための仕組みが求められることになります。それが**「集団安全保障」**です。集団安全保障とは、**「グループ（集団）全体で侵略をやめさせる」**ということです。

第一次世界大戦後に、侵略戦争は国際法違反となりました。ただ、それだけではルールを守らない国が出てくるかもしれません。そこで、世界中の国ぐにがあらかじめグループをつくり、これにメンバーとして参加することにします。そして、もしこのグループのなかで他のメンバー国を侵略する国が出てきた場合、残りのメンバー国が力を合わせて侵略をやめさせます。これが集団安全保障です。

このような仕組みを最初に考えたのは、一七世紀から一八世紀にかけてのフランスの聖職者サン・ピエールだといわれています。第一次世界大戦後、集団安全保障のための国際的なグループ組織として「国際連盟」が設立され、第二次世界大戦後には現在の国連がその役割を引き継ぎました。

なぜ国際連盟が国連に変わったのかは、この章のなかでおいおい説明します。いずれにしても、悲惨このうえない二度の世界大戦の経験は、「第三次世界大戦」を引き起こさないための平和の新たな仕組みづくりをうながすことになったわけです。

国連の本部はアメリカのニューヨークにあり、世界の一九三カ国（二〇二五年一月現在）がメンバー（加盟国）として参加しています。日本が加盟したのは一九五六年のことでした。

勢力均衡と集団安全保障のちがい

それではこの集団安全保障を、勢力均衡と比べてみましょう。まず、近代までの勢力均衡が戦争を認めていたのに対し、集団安全保障は戦争をルール違反とみなします。ただし、湾岸戦争のときのように、国連のお墨つきを得た軍が、侵略をやめさせるために侵略国側の軍を攻撃することは例外として認められます。

また、国連が何らかの事情で動けない場合に、侵略を受けた国が自分で自分の身を守る、つまり「自衛」のために戦うことも例外的に認められています（国連が「何らかの事情で動けない場合」のほうが実は多いのですが、これについてもおいおい説明します）。

集団安全保障と勢力均衡とのもう一つのちがいは、本来の集団安全保障は大国のあいだの力のバランスには頼らない、ということです。勢力均衡には、やがて国の力が変化することで大国間のバランスそのものが崩れる、という難点がありました。

一九世紀はじめにウィーン体制ができてから時を経て、プロイセンがドイツとなって強大化しました。それによってヨーロッパの力のバランスが崩れてドイツ包囲網がつくられ、ドイツなどの中央同盟国と反ドイツの連合国のあいだで第一次世界大戦になだれ込んでいったことは、第三章でみた通りです。

そのため集団安全保障は、大国間の力のバランスに頼るのではなく、ルール違反の侵略をグループ全体でやめさせるという、「メンバー同士の約束」に頼ることにしました。

なお、集団安全保障に似た言葉として、「集団的自衛権」というものがあります。どちらも「集団」という言葉がついていますのでゴッチャにしている人がいますが、この二つはまったく別物です。

先ほど、戦争は違法とされているけれども、国連が動けない場合、つまり集団安全保障が機能しないときに、自衛のために戦うことは例外的に認められているといいました。これが自衛権です。

自衛権はさらに二種類に分かれます。一つは、自国が攻撃を受けたので反撃する「個別的自衛権」。そしてもう一つが、自国と近しい関係にある他国が攻撃を受けたので反撃する「集団的自衛権」です。これら二種類の自衛権は、どちらも主権国家の権利として国連憲章で認められています。

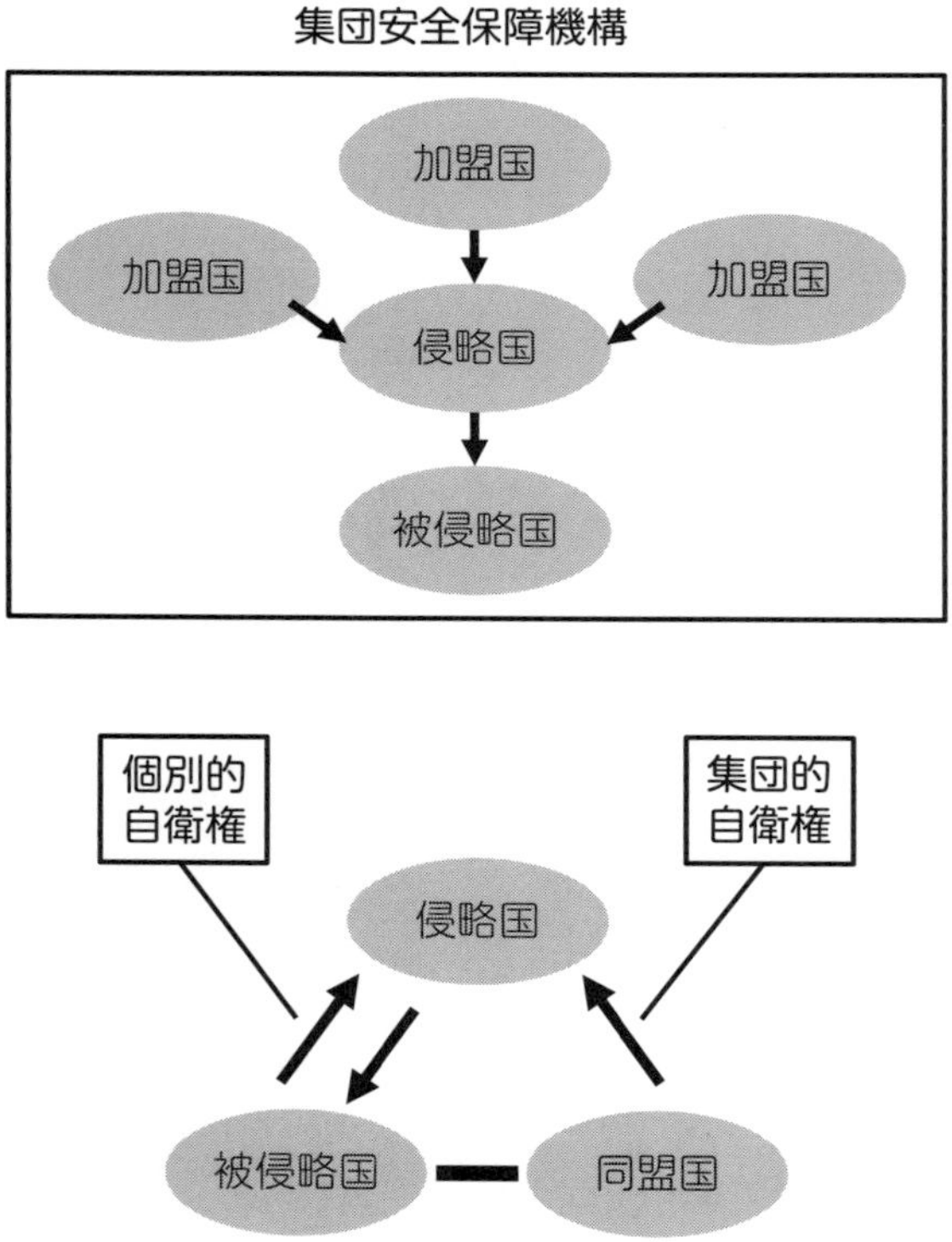

図 5-1　集団安全保障と集団的自衛権

たとえば、仮に日本が攻撃されたとすれば、日本は自衛のために、国際法で認められた個別的自衛権を使って自衛隊の力で反撃できます。また、アメリカは日本の同盟国なので、アメリカに対する攻撃は日本に対する攻撃と同じだとみなして、やはり国際法で認められている集団的自衛権を使ってこれに反撃できる場合があります。ですので、集団安全保障については国連の働きを、集団的自衛権については同盟の働きをそれぞれイメージしてもらうと区別して理解しやすいでしょう。

実は日本では長らく、自衛権のうち、個別的自衛権を使うことは憲法違反ではないが、集団的自衛権を使うことは憲法違反なので認められない、とされてきました。これに対し、限られた場合には日本も集団的自衛権を使うことができるように改めたのが、二〇一五年の「平和安全法制」（「安保法制」ともいわれます）です。

平和安全法制ができるとき、日本では大きな反対運動が起こりました。集団的自衛権を使うことを認めるのはおかしい、というわけです。しかしわたしに言わせると、集団的自衛権を使うことが憲法違反だとすることのほうがおかしいのですが、この本のなかでは説明しません。詳しく知りたい方は、わたしが書いた『戦後日本の安全保障』という新書を読んでみてください（さりげなくCMを入れてしまいました……）。

話を戻します。今まで述べたように、勢力均衡が失敗したことを受けて、集団安全保障という新しい仕組みがつくられることになりました。集団安全保障とは、グループ全体で侵略をやめさせる安全保障のことでした。勢力均衡による失敗を繰り返さないための、すばらしいアイディアですね！

そのことを踏まえたうえで、今の世界をながめてみましょう。二〇二二年以降、ロシアがウクライナへの侵略を続けています。ロシアもウクライナも国連の加盟国です。集団安全保障では、グループのなかで他のメンバー国を侵略する国が出てきた場合、残りのメンバー国が力を合わせて侵略をとめることになります。場合によっては、湾岸戦争のときのように、国連側が侵略国と戦うこともありえます。

では国連はロシアの侵略からウクライナを守れているでしょうか。守れていません。それ以前に、国連はロシアの侵略を「侵略」と認めることさえできずにいます。はっきり言って、今回の侵略に対し国連は機能していないのです。

なぜ国連は機能していないのでしょうか。この答えを探るため、まずは最初の集団安全保障のための国際組織である国際連盟について振り返ってみることから始めましょう。

第二次世界大戦を防げなかった国際連盟

「力のバランスではなく、「力の共同体」が必要だ」。第一次世界大戦当時のアメリカ大統領ウィルソンが、戦後の世界の在り方について述べた言葉です。勢力均衡を否定し、「力の共同体」、すなわち集団安全保障によって平和をもたらそうとする呼びかけでした。

第一次世界大戦が終わると、このようなウィルソンの呼びかけにより、集団安全保障のための国際組織として一九二〇年に国際連盟が生まれました。国際連盟はスイスのジュネーブに本部を置き、イギリス、フランス、イタリア、日本といった第一次世界大戦の戦勝国などが加盟し、のちには敗戦国ドイツや共産主義国ソ連もここに参加しました。

国際連盟の約束事である国際連盟規約は、国際連盟というグループのメンバーが他のメンバー国を侵略した場合、「国際連盟のすべてのメンバーに対して戦争をしかけたとみなす」と定めました。国際連盟が集団安全保障によって世界の平和を保つということに、大きな期待が寄せられました。

また一九二八年には、アメリカ、イギリス、フランス、ドイツ、イタリア、日本などの大国が参加して、侵略戦争を禁止するとした不戦条約が結ばれました。

ところが一九三〇年代に入ると、国際連盟の加盟国のなかで、国際法違反の侵略をおこなう国が出てきます。でも大丈夫。国際連盟の集団安全保障によって、侵略はとめられるはずです。それでは国際連盟がこれらの侵略に対しどのように対応してくれたのかをみていきましょう。

前の章でみたように、一九三一年に日本は満州事変を起こしました。これに対し中国は、日本は国際連盟規約に違反して中国を侵略していると、国際連盟に訴えました。中国の訴えに対し国際連盟は、日本の行動は国際連盟規約に違反するものであることは認めました。しかし、日本の侵略から中国を守ることはできませんでした。

続いて一九三五年、今度はイタリアが、東アフリカのエチオピアを侵略しました。国際連盟は、イタリアの行動が国際連盟規約に違反するものであることは認めました。ただし、イタリアに対しては加盟国の軍を派遣してエチオピアへの侵略をやめさせるのではなく、経済制裁をおこなうとするだけにとどめました。しかも国際連盟が決定したイタリアに対する経済制裁は、結局は実行されませんでした。

さらに一九三八年に、例のドイツによるチェコスロバキア併合（「ミュンヘンの教訓」を思い出してください）が強行された際にも、国際連盟は黙って見ていただけでした。

加えて一九三九年には、ソ連が隣国のフィンランドを侵略しました。このためソ連は国際連盟から追い出されましたが、ソ連の侵略をやめさせるためのそれ以上の行動はとられませんでした。

このように一九三〇年代に起こった一連の侵略に対し、国際連盟は無力でした。そして皆さんご存じの通り、結局国際連盟は第二次世界大戦を防ぐことができなかったのです。

なぜ国際連盟は侵略に対し無力だったのか。その原因は、国際連盟の仕組みそのもののなかにありました。

集団安全保障が実行されるためには、まず今問題になっている出来事が侵略にあたるのかどうかを判断しなければなりません。国際連盟では、侵略だと認められるためには、当事国を除くすべての加盟国が同意することが必要ということになっていました。コンセンサス重視の国際組織だったということですね。ただ逆にいうと、どこか一カ国でも反対すれば、そもそも侵略がおこなわれたと認めることすらできない、ということを意味してしまいます。

また、仮に侵略だと認められた場合でも、侵略国に対し実際にそれをやめさせるための行動をとるかは、それぞれの加盟国に任されていました。しかし実際のところ、よその国に対する侵略をやめさせるために自分たちが血を流して戦うようなことは、どの国もやりたがりません。「どの国もやらないのに、どうしてわが国だけがやらなければならないのか」と、どの国も思いますので、結局どの国も動きません。これも、部分部分による合理的な選択の結果、全体として不合理な結果に陥ってしまう集合行為問題です。

しかも国際連盟の場合、日本、イタリア、ドイツが脱退し、ソ連も追い出されるなど、加盟国のなかで集団安全保障を支えられるような大国が減っていきました。

アメリカはというと、言い出しっぺであるにもかかわらず、はじめから国際連盟に加盟していませんでした。アメリカはもともと孤立主義といって、国際問題に関わることを好まない伝統がありましたので、ウィルソンが世界に訴えた国際連盟創設は、実はアメリカ国内では支持されなかったのです。トランプ大統領の言う「アメリカ第一」は、今に始まったことではありません。主要な国で最後まで国際連盟に残ったのは、イギリスとフランスくらいです。一九三九年のドイツによる侵攻からポーランドを守るために参戦したのはこの両国でした。

ウィルソンは、勢力均衡を否定し、代わって集団安全保障に平和をゆだねるべきだと訴えました。ところが実際には、集団安全保障は機能せず、しかもドイツや日本に対する勢力均衡も働いていないというのが、第二次世界大戦直前の世界の実情だったのです。

失敗に学んだ国際連合

国際連盟は第二次世界大戦を防ぐことができませんでした。そこで第二次世界大戦後の一九四五年に改めてつくりなおされたのが現在の国連ということになります。そして国連は、国際連盟の失敗を強く意識したつくりになっています。

国際連盟と国連の大きなちがいは、侵略の認め方と侵略への対応のとり方にあります。国際連盟では、問題になっている出来事が侵略にあたると認めるためには、加盟国のコンセンサスが必要でした。また、侵略をやめさせるための行動をとるかどうかは、それぞれの加盟国次第でもありました。

これに対し国連では、国連のなかに、大国が中心となってつくられた「安全保障理事会」（安保理）という特別な組織があります。そして安保理が、その出来事が侵略にあたるかどうかを決められることになっています。

また安保理が、国連として侵略をやめさせるための行動をとる、と決めた場合は、全加盟国がこの決定に従わなければなりません。場合によっては、安保理の決定に従って加盟国が「国連軍」を結成し、侵略者と戦うこともありうるということです。

国際連盟は、主権国家は大国であっても小国であってもすべて対等であるということを尊重したつくりになっていました。また、集団安全保障に協力するという約束を、加盟国が守ってくれると信頼していました。しかしそうした理想だけではうまくいきませんでした。世界の平和が保てるかどうかは、実際には大国の動きにかかっているという現実があるからです。

国連をつくるうえで大きな役割を果たした第二次世界大戦時のアメリカ大統領フラン

国連安全保障理事会
©picture alliance/Bernd von Jutrczenka

クリン・ローズベルトは、そのような現実を踏まえ、大国が中心となる安保理に力を集中させることで、集団としての決定や行動をやりやすくしようとしたわけです。

安保理常任理事国の重み

国連の集団安全保障でカギとなる安保理の議場で目を引く正面壁の油彩画には、戦争の暗い過去を乗り越えた不死鳥が、平和の明るい未来へ飛び立とうとするさまが描かれています。それではその安保理の中身についてみていきましょう。

安保理には国連加盟国のうちの一五カ国が理事国として参加していますが、この一五の理事国はさらに二種類に分かれます。「常任」理事国五カ国と「非常任」理事国（「非」常任理事国ではありません）一〇カ国です。このうち常任の理事国は、アメリカ、ソ連（現在のロシア）、中国、イギリス、フランスの五カ国であり、このメンバーシップは国連ができてから現在まで変わっておらず、国連憲章が改正されない限りこれからも変わりません。

この国連安保理常任理事国五カ国を略して「P5」と言います。Pは英語の「パーマネント」（permanent）のPで、ずっと変わらない、という意味です。一方、残りの一〇カ国はパーマネントではない理事国であり、二年ごとに選挙で交代します。

実は安保理の常任理事国と非常任理事国のちがいは任期の有無だけではありません。P5にのみ、「拒否権」という権限が与えられているという大きなちがいがあります。

国連としての集団安全保障を実行するかどうかは、先ほど述べたように安保理が決めますが、これは安保理の理事国から提出された決議案が通るか否かによります。決議案が成立すれば、「国連安保理決議第〇〇号」となり、全加盟国を従わせることになります。

決議案が正式な決議として成立するには、二つのハードルをクリアしなければなりま

国連安全保障理事会常任理事国

せん。一つは、安保理一五カ国のうちの九カ国以上が賛成すること。そしてもう一つは、P5のどの国も反対しないこと。ということは、たとえ安保理一五カ国のうちの圧倒的多数の一四カ国までが決議案に賛成であったとしても、P5のなかの一カ国でも反対すれば、その決議案は葬り去られてしまうのです。

自国の一票のみで、国連安保理決議案を葬り去ってしまえる権限。言い換えれば、国連としての決定を左右できる力。これがP5が持つ、拒否権という絶大な権限なのです。そしてこの拒否権によって、国連は機能不全に陥ることになります。

ちなみに前のページにあるものも含め、この本には分かりやすいように人物などの挿絵《さしえ》がいくつか出てきます。実は全部わたしが自分で描いたのです。いかがでしょう(笑)。編集長はちゃんとしたイラストレーターに頼むつもりだったらしく、「著者本人が描くなんて……」と困惑していましたが。

連合国と同じだった国連

本来国連は、第二次世界大戦での連合国が発展したものです。「国連」は英語で「ユナイテッド・ネイションズ」（United Nations）ですが、実は「連合国」も英語では同じ「ユナイテッド・ネイションズ」になります。

日本人は、自分たちがユナイテッド・ネイションズと戦っているときはこれを「連合国」とよび、ユナイテッド・ネイションズに負けてその仲間に入れてもらう段になると今度はそれを「国際連合」とよんだわけです。

このことは、P5がよくみるとすべて第二次世界大戦の戦勝国から構成されており、ここに日本やドイツが含まれていないことと無関係ではありません。

「国連の一番の仕事は、グループ全体で侵略をやめさせることだ」と言われると、「たしかに侵略をおこなうような悪い国がいるのなら、国連を通じてみんなの力でとめないとね」と思えるでしょう。

しかし、実は国連が本来警戒していた「侵略をおこなうような悪い国」とは、わたしたちの国日本、あるいはかつて日本の同盟国だったドイツのことなのです。国連とはもともと、ドイツや日本のような枢軸国と戦った連合国が、戦争が終わったので解散するのではなく、戦後も引き続き結束して集団安全保障を働かせ、旧枢軸国が再び侵略をおこなわないように抑え込むためにできたものでした。

第二次世界大戦末期の一九四五年二月、当時のソ連領クリミア半島（現在はウクライナ領のはずですが、ロシアが一方的に併合していますね）のヤルタに、連合国のスリー・トップが集まりました。アメリカ大統領ローズベルト、イギリス首相チャーチル、そしてソ連の最高指導者スターリンです。そこで彼らが思い描いた戦後の青写真とは、「アメリカとソ連が協調して、ドイツや日本を抑え込む」という世界でした。

敗戦国となったイタリア、ドイツ、日本はもちろん、戦勝国であるイギリスやフランスも戦争によって力を落としましたので、第二次世界大戦後にはアメリカとソ連が大国のなかでも「超大国」として飛びぬけた存在となりました。超大国であるアメリカとソ連の協調の下でドイツや日本を抑えつける、という戦後世界の青写真のことを、「ヤルタ体制」といいます。

そしてヤルタ体制を支えるための重要なツールが、実は国連だったわけです。なぜ日本やドイツのような大国が安保理の常任理事国になれなかったのか。なれるはずがないのです。逆に安保理、つまり主要な旧連合国であるＰ５によって、本来は取り締まられる側だったのですから。

もちろん今はちがいます。日本は二〇二二年に安保理の非常任理事国に選ばれました（二〇二四年末まで）。日本が非常任理事国に選ばれるのはこれで一二回目で、国連加盟国のなかで最多記録です。また国連の活動のために各国が支払う分担金の金額の多さでは、日本はアメリカと中国に次ぐ世界第三位です。今日の日本はさまざまな面で国連の活動に積極的に貢献しています。

アメリカとソ連が対立した冷戦

いずれにしても、戦後に実際に訪れたのは、ヤルタ体制とはアベコベの世界でした。アメリカとソ連は協調するどころか、激しく対立します。いわゆる「冷戦」です。実際に戦争が起こった状態が「熱」戦だとすれば、その一歩手前なので「冷」戦というわけです。ただし、いつ「熱」戦になってもおかしくない、緊張した状態であるのにちがいありません。

ソ連のような共産主義国は、貧富の差をなくすことを掲げますが、企業が自由に競争することが許されず、経済発展がとどこおってしまいます。また、社会に自然に生じる差を無理やりなくそうとするので、政府の力が強くなりすぎ、ソ連が実際にそうであったように、政府への不満を口にすると秘密警察に逮捕されるような、恐ろしい国になってしまいます。

戦争に敗れたドイツが東ヨーロッパから撤退したあと、ソ連がポーランドなどの東ヨーロッパの国ぐにに自国と同じような共産主義政府を次々と打ち立て、自分たちの言いなりになるようにしていきました。このようなソ連による勢力拡張は、イギリスやアメリカとの緊張を高めます。そもそもイギリスはポーランドのために第二次世界大戦を始めたのですから、ソ連の動きを見過ごせるはずがありません。

一九四七年、アメリカのトルーマン大統領はソ連の勢力拡張を封じ込めるとする「封じ込め」政策を発表しました。

そうするとアメリカからみて、ドイツ（ドイツは戦後東西に分断され、この場合は西ドイツ）や日本は抑えつける対象ではなく、ソ連を封じ込めるうえでのなくてはならないパートナー、ということになりました。ナポレオン戦争後のウィーン会議で、ロシアの

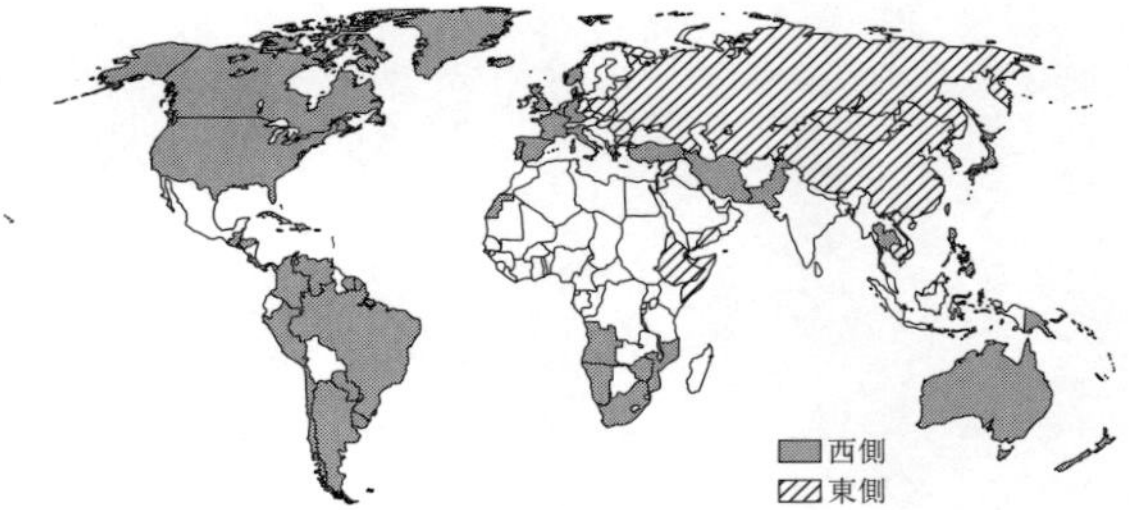

図 5-2　東西冷戦（1975 年頃）

力が強くなりすぎないよう、敗戦国（このときはフランス）を再び国際社会の一員に迎え入れたのに似ていますね。アメリカは、イギリス、フランス、イタリアなどとのあいだで一九四九年に北大西洋条約機構（ＮＡＴＯ《ナトー》）という同盟を、日本とのあいだでも一九五一年に日米同盟を結成しました（ＮＡＴＯには一九五五年に西ドイツも加盟）。

　こうして世界の多くの国ぐには、アメリカを中心とする自由主義陣営、いわゆる「西側」（アメリカや西ヨーロッパ、日本、韓国、台湾など）と、ソ連を中心とする共産主義陣営、いわゆる「東側」（ソ連や東ヨーロッパ、北朝鮮、中国など）に分かれ、四〇年以上にわたって対立していくことになります。

　そう言われても、日本から見るとソ連や中国は東側ではなく西にあり、逆に東にあるのはアメリカですので変な感じがします。でも前のページの図を見ていただくと一目瞭然《いちもくりょうぜん》のように、この場合の東西の区分けは欧米目線によるものです。世界は日本を中心に回っているわけではないのです。

冷戦のなかで、ドイツの場合は一九四九年に国自体が自由主義国の西ドイツと共産主義国の東ドイツに分かれてしまいました。第二次世界大戦で負けたときに、国土の西部をアメリカ・イギリス・フランス軍が、東部をソ連軍が占領していたためです。

またドイツの首都ベルリンは、地理的には東ドイツの領土のなかにあるのですが、そのベルリンもさらに東と西に分かれ、東ドイツのなかに西ベルリンが西ドイツの飛び地としてポツンと存在するかたちになっていました。東西ベルリンをへだてたのが、冷戦のシンボルとなった「ベルリンの壁」です。東西ドイツの国境線上にベルリンがあると思っていた、という人もいますが、誤解しないでくださいね。

東アジアでも、第二次世界大戦末期にもし日本の降伏が遅れ、ソ連軍が日本本土にまで侵攻してきていれば、戦後日本もドイツのように分断国家になっていた可能性は十分あります。

そして日本が分断国家になる代わりに二つに分かれてしまったのが、日本の植民地だった朝鮮でした。日本が降伏したとき、朝鮮の南部はアメリカ軍が、北部はソ連軍が占領しました。そのため朝鮮は一九四八年、西側陣営に属する韓国と、東側陣営に属する北朝鮮に引き裂かれることになりました。

そしてやはり日本が撤退したあとの中国も、一九四九年に中国共産党が建国した中華人民共和国と、中国共産党との内戦に敗れて台湾にのがれた中国国民党の中華民国に事実上分裂しました。

朝鮮では、一九五〇年に北朝鮮が韓国に侵攻して朝鮮戦争が起こりました。これに対しアメリカなどが韓国防衛のために介入する一方、中国やソ連は北朝鮮を助け、戦火が拡大しました。

また第二次世界大戦が終わるまで日本の支配下にあったベトナムでも、その後一九七〇年代はじめまで、反共産主義の南ベトナムと共産主義の北ベトナムのあいだで戦いが続きました。このベトナム戦争でアメリカは南ベトナムを助けて北ベトナムと戦い、結局は敗れることになります。

冷戦は、アメリカとソ連の全面武力衝突とそれによって全世界を巻き込むことになるようなグローバル（世界的）な戦争には発展しませんでしたが、ローカル（地域的）な舞台では一部で熱戦化するなど、平和とは言いがたい環境にありました。

「ブレーカー」としての拒否権

繰り返しになりますが、国連は本来、ヤルタ体制、すなわちアメリカとソ連が協調することを前提にしてつくられた国際組織でした。ところがアメリカとソ連のあいだで冷戦が始まったことで、状況が変わります。

たとえ国連安保理の場でアメリカが決議案を出したとしても、この決議案は通りません。なぜならアメリカと対立するソ連が、自分が持つ拒否権を使って葬り去るからです。同じように、ソ連が提出する安保理決議案に対してはアメリカが拒否権を使いますので、こちらもつぶされます。

アメリカとソ連がお互いに安保理決議案をつぶしあってしまい、そうなると安保理としての決定ができませんので、冷戦のなかで国連は機能不全に陥るほかなくなってしまったわけです。

だとすると、P5から拒否権を取り上げることができれば、国連はもっと機能したかもしれないですよね。しかしそれは難しいでしょう。というのも、拒否権には、それが認められているなりの意味があるからです。

皆さんの家庭で、電子レンジなどの電化製品を使いすぎて、ブレーカーが落ち、家のなかが真っ暗になったことはありませんか。電気回路に過大な電流が流れたままになっていると、火事になる危険がありますので、そうした場合に電流を遮断する必要があります。そのための装置がブレーカーです。

P5の持つ拒否権も、実はこれと同じなのです。仮にP5に拒否権がない国連というものを想像してみましょう。たとえば、ソ連が隣国に軍を進め、これに対しアメリカから、ソ連の行動は侵略であり、国連が軍事力を使ってでもとめなければならない、という内容の決議案が安保理に出されたとします。

このアメリカの決議案には、安保理理事国のうち九カ国が賛成したとしましょう。ソ連に拒否権がないとすると、この決議案は可決され成立します。そうするとこの対ソ連国連安保理決議にもとづいて、アメリカなどが「国連軍」を結成し、ソ連と戦うことになります。国連による集団安全保障が、ちゃんと機能しましたね。

でもちょっと待ってください。今起こったことは、「国連による集団安全保障」という名前がついた、事実上の第三次世界大戦ではないでしょうか。「三度目の世界大戦を起こさないようにする」という国連の一番の目的からすると、これでは本末転倒ということになってしまいます。

こうなってしまうのを防ぐのが、Ｐ５の拒否権です。第三次世界大戦という火事が起こるよりも、停電、つまり国連の集団安全保障が機能しないことのほうがマシ。Ｐ５の拒否権とは、世界の力関係におけるまさにブレーカーにほかならないのです。

ＰＫＯという役割

第二次世界大戦後にせっかく国連ができたものの、このようなことで実際にはずっと停電状態が続いていました。

そこで、本来国連憲章には書かれていないことではあるけれども、「国連平和維持活動（ＰＫＯ）」というものが始まりました。

第二次世界大戦後も、アジアやアフリカではさまざまな紛争が起こりました。これらの紛争はたとえいったん収まったとしても、ちょっとしたきっかけで再燃しやすいといえます。また、紛争後の国の建て直しのために選挙をやろうとしても、反対勢力から妨害されて選挙がおこなえず、きちんとした国の仕組みがなかなか整えられないまま戦闘が再開してしまう、ということもありえます。こうした場面で役割を果たしてきたのがＰＫＯです。

ＰＫＯの部隊は国連軍として侵略国と戦うような本来の集団安全保障を実行するわけではありませんが、紛争が再発しないように当事国の軍のあいだに割り込んで見張ったり、選挙が妨害されずにきちんと実施できるよう手助けしたりします。ピース（peace, 平和）をキープ（keep, 維持）するオペレーション（operation, 活動）です。

実はＰＫＯは国連憲章で定められたものではありません。それでも国連の役割として定着しています。日本の憲法に書かれていない自衛隊の存在が定着しているのと同じです（憲法に書かれていないから自衛隊は憲法違反だ、と言う人たちがいましたが、であればＰ

KOも国連憲章違反になってしまいます）。日本も一九九二年からPKOに参加するようになり、紛争が終わったばかりのカンボジアに自衛隊が派遣されました。

日本がPKOに参加するようになったのは、この章の最初に紹介した一九九一年の湾岸戦争がきっかけでした。湾岸戦争のときには冷戦が終わっており、なおかつ今のように西側と中国・ロシアが対立していたわけでもなかったので、例外的に国連の集団安全保障が機能することができました。

ここで冷戦の終結について述べておきたいと思います。一九八〇年代に入ると、経済面で立ちゆかなくなった共産主義陣営の力が弱まります。一九八九年にベルリン市民の自発的な行動によって冷戦のシンボルだった「ベルリンの壁」が壊され、東西ドイツでそれまで認められていなかった自由な行き来ができるようになったことで、時代の変化が誰の目にも明らかになりました。

この直後、アメリカのブッシュ（父）大統領とソ連のゴルバチョフ書記長が地中海のマルタで会談し、冷戦の終結を宣言します。さらに一九九一年には、ソ連自体が国のかたちを保てず、共産主義を捨て、ロシアやウクライナといった国ぐにに分かれました。

冷戦終結により、イラクのクウェート侵攻に対応するための国連安保理決議案に対し拒否権の邪魔が入らず、国連の集団安全保障が機能することになったわけです。

ところがここで存在感を示せなかったのが日本です。日本は、国連安保理決議にもとづいてイラク軍と戦う多国籍軍にお金を払っただけで、戦う以外の輸送や医療といった活動であっても自衛隊を参加させませんでしたので、国際社会から非難されてしまいました。このことへの反省が、自衛隊のPKO参加につながりました。

ちなみにですが、わたしが国際政治や安全保障の問題に関心を持つようになったのは、湾岸戦争がきっかけでした。当時は小学校六年生でした。それまで学校では「戦争は絶対悪」と教えられてきたわけですが、侵略をやめさせるための国連による戦争がありうるのだと知り、衝撃を受けました。また、侵略戦争と集団安全保障（という言葉は当時はもちろん知りませんが）を区別せずに、どんな戦争にも反対だと声高に主張する大人たちの姿をブラウン管テレビの映像で見て、強烈な違和感を覚えた記憶があります。

集団安全保障に期待しすぎない

いずれにしても、湾岸戦争での実績から、国連の集団安全保障がようやく機能する世の中になる、という楽観的な見方も当時はあったのですが、残念ながらそうはなりませんでした。

湾岸戦争ののちも、旧ユーゴスラビア（現在のボスニア・ヘルツェゴビナやセルビアなど）やアフリカなどで紛争が起こりますが、関係国の足並みがそろわず、国連は十分に力を発揮できませんでした。とくに東アフリカのソマリアの内戦では、国連安保理決議にもとづいて派遣された多国籍軍に多くの犠牲が出たことで撤退することになります。外国の平和のために、自分の国の兵士の命をそれ以上犠牲にするわけにはいかなかったのです。

さらに二〇〇一年九月一一日、ニューヨークの世界貿易センタービルなどにハイジャックされた民間航空機が突入するなどして三〇〇〇人以上が死亡した9・11同時多発テロ事件が起こりました。アメリカは「テロとの戦い」として、アフガニスタンやイラクを攻撃します。

その際、アメリカは「有志連合」を結成しました。有志連合とは、「この指止まれ」方式で集まった、同じ志を有する仲間の国ぐにのことです。このようなかたちがとられたのは、アメリカが国連の集団安全保障ではまどろっこしいと考えたからです。

ただしアメリカは対テロ戦争に疲れきり、その間に中国が力を蓄え、またロシアもアメリカ中心となった冷戦後の世界の在り方にチャレンジするようになりました。

そして今、国連はロシアによるウクライナ侵略をとめることができていません。なぜでしょうか。もうお分かりですね。ロシアの侵略をやめさせるための安保理決議案に対し、P5の一員であるロシアが拒否権を使ってその成立を阻止しているからです。仮にロシアから拒否権を取り上げ、アメリカなどがウクライナ防衛のための「国連軍」を結成してみたとしても、ロシアと直接戦えば第三次世界大戦になりかねません。

また二〇二三年からのイスラエルによるガザへの攻撃がやりすぎであるとして、イスラエルに戦闘停止を求める安保理決議案が出されていますが、イスラエルを支援する立場のアメリカがしばらくのあいだ拒否権を使って阻んでいました。

さらに仮に将来、中国が台湾に侵攻した場合、P5の一員である中国の軍事行動を国連がとめることはできないでしょう。

「国連が世界の平和を守っている」と思っていた人もいたかもしれませんが、実は国連ができることはそうした期待に比べてずっと限られているのです。もちろん国連は世界政府でもありません。第一次世界大戦後の国際連盟時代には、集団安全保障に期待しすぎて失敗してしまいました。第二次世界大戦後の国連では、集団安全保障に期待しすぎないことにして、第三次世界大戦を避けつつ、ＰＫＯなどの活動に役割を見出してきたわけです。

それでは、本来の国連の集団安全保障が機能してこなかったとすると、第二次世界大戦後の冷戦のような緊張状態にもかかわらず、何が実質的に第三次世界大戦の勃発を防いできたのでしょうか。そのことは、第二次世界大戦末期に出現した、日本とも関わりの深い恐るべき兵器の存在と無関係ではないのです。

第六章　核兵器はなぜなくならないのか――核抑止

人形劇の女の子

わたしの遠い記憶のなかに、幼稚園で見せてもらった人形劇の短いサイレント映画があります。

はじめは主人公の女の子の日常が淡々と描かれるだけなのですが、終盤に近づくと、自宅の居間にいる女の子と、そこにかかっている時計が交互に映し出されます。秒を刻みながら針を進める時計。そして唐突に、今までの屋内のシーンから一転して、瓦礫《がれき》のなか、顔はススだらけ、服もボロボロになった女の子が立ち尽くすシーンでこの映画は終わります。

あまりの不可解さと理不尽さ。それは一九四五年八月六日午前八時一五分に広島を、そして同月九日午前一一時二分に長崎を襲った核兵器がもたらした現実だったとのちに知りました。幼児でありながらもそのときに慄然とさせられた感情は、日本人なら誰もがいつかは経験したことのあるものではないでしょうか。

この世に存在する物質は、原子から成り立っています。二〇世紀に入ると、この原子のなかにある核を分裂させることで、膨大なエネルギーが生じることが分かってきました。このエネルギーを兵器に利用しようということになり、実際につくられたのが核兵器です。

第二次世界大戦が始まると、ヒトラーのナチス・ドイツが核兵器の開発に乗り出しました。ドイツの動きを知ったアメリカは、ドイツより先に核兵器をつくらなければ危険だと考えました。実はドイツは途中で開発をあきらめたのですが、そうとは知らないアメリカは核兵器づくりのための「マンハッタン計画」を進めます。計画の本部が、ニューヨークのマンハッタンにありました。

実は当時は日本も、核兵器の開発に手を着けたのですが、今の世界大戦中に人類が核兵器を完成させることは不可能だ、と結論づけてあきらめていました。しかしアメリカは、日本が無理だと結論づけた核兵器の開発を成功させたのです。

そのときドイツはすでに連合国側に降伏していましたので、核兵器はまだアメリカとの戦争を続けている日本に対して使われることになりました。そうした事情をまったく知りようもないまま、あの人形の女の子のように、命や暮らしを奪われた何十万人もの生身の犠牲者がいるのです。

核を撃てなくする核抑止

このような恐ろしい兵器が二度と使われることがあってはならない。そう考えるのは当然です。ただし、核兵器を今すぐこの世からなくすべきかどうかについては意見が分かれます。たとえ地球上からすべての核兵器をなくしても、すでにつくり方が分かっている以上、すぐに再びつくられてしまう可能性があるからです。なにしろ八〇年前の技術でつくれるものなのですから。

実際に第二次世界大戦後に核兵器を使えないようにしてきたのは、核兵器をなくすことによってではなく、**「核抑止」**によってでした。

抑止とは、第四章の機会主義的戦争のところで説明したように、相手の行動を抑え止《とど》めることでしたね。核ミサイルを持っている敵対国に対し核ミサイルを撃てば、核ミサイルを撃ち返されることになりますので、そもそもはじめから核ミサイルを撃てません。そう相手に信じさせることによって、核ミサイルを撃たせないようにする。**「核を撃てば核で撃ち返すと脅すことで、相手の核攻撃を抑止する」**、核兵器によっておこなう抑止です。

一九四五年にアメリカが日本に核兵器を使ったのち、冷戦でアメリカのライバルとなるソ連もまた、一九四九年に核兵器の開発に成功しました。

ドイツやアメリカ、日本と同じく、ソ連も第二次世界大戦中から核兵器の開発を進めていました。というのも、あるときソ連の若い研究者が、アメリカの物理学者たちが急に科学雑誌に原子力エネルギーに関する論文を発表しなくなったことを不審に思い、ソ連政府に報告したからでした。この報告によってスターリンは、アメリカが原子力エネルギーを使った兵器を秘密裏に開発しようとしていると見抜いたのでした。遅れをとってはならない、というわけです。

それでもソ連の核兵器開発は第二次世界大戦が終わるまでには間に合わず、アメリカもソ連の科学技術力をみくびっていました。ところがソ連はアメリカが想定していたよりもはるかに早い一九四九年に核兵器を完成させてしまいます。ソ連が一九四九年に完成させた核兵器は、実は一九四五年にアメリカが長崎に対して使用した核兵器とほぼ同じものでした。どういうことか分かりますか。マンハッタン計画に加わった研究者のなかに、ソ連のスパイがいたのです。

第五章で冷戦の始まりについて説明した際、ソ連が東ヨーロッパに勢力を広げていったことを説明しました。核兵器をつくるためには、材料としてウラン鉱石が必要なのですが、ソ連は国土が広いわりに、国内でウラン鉱山が発見されていませんでした（のちに、南部のカザフスタンで見つかりますが）。

しかし東ヨーロッパではウランがとれます。北朝鮮でもです。なぜソ連がこれらの地域に進出していったかがみえてきますね。冷戦によって、アメリカとソ連のあいだの核兵器開発競争が起こったし、逆に核開発競争が、冷戦をもたらしたともいえそうです。

冷戦のなかで、アメリカとソ連はおのおの二万発以上の核兵器を持ちます。両国が第二次世界大戦後に超大国であったのは、核兵器大国でもあったからです。

もしこのようなアメリカとソ連のあいだで核兵器を使った戦争、すなわち核戦争が起こっていれば、世界は滅亡していたでしょう。実際に一九六二年に、中央アメリカのキューバに配備されたソ連の核ミサイルをめぐって、アメリカとソ連のあいだで核戦争の一歩手前まで近づいたキューバ危機が起こりました。ケビン・コスナー主演の映画『13（サーティーン）デイズ』で生々しく描写されています。

人びとの安全よりも兵器の安全が大切な相互確証破壊

ただ、アメリカとソ連が単に核兵器を持っているというだけでは、両者のあいだの核抑止は成り立ちません。なぜなら、一方が最初の核攻撃でもう一方の核戦力（核爆弾と、核爆弾を積むことができる爆撃機やミサイル）をすべて破壊できてしまうとすると、やられた側は反撃する手段がありませんので、一方は核兵器で報復（仕返し）されることを心配せずに、相手に対し核攻撃ができることになってしまうからです。

しかも、核ミサイルは非常に早く飛びます。たとえば大陸間弾道ミサイル（ＩＣＢＭ。大陸と大陸のあいだを飛ぶことができる）の場合、その速度はマッハ二〇（音速の二〇倍）くらいですので、相手方から核ミサイル発射のきざしがあった場合には、その相手に対し急いで先に核攻撃をしてしまわないと相手による発射を阻止するのが間に合わなくなります。そのような決断は、第一次世界大戦のときのドイツのシュリーフェン計画発動よりもはるかに時間にせかされたものになるはずです。

つまり、核戦力は破壊の大きさや攻撃にかかる時間の短さがケタちがいなので、核兵器を使う戦争では先制攻撃をしかけるほうが圧倒的に有利だし、逆にグズグズしているとやられてしまう、という状況が生じることになります。とすると、核兵器保有国同士で抑止が成り立つどころか、お互いに先制攻撃のインセンティブ（誘因）が高まってしまう「脆弱性《ぜいじゃくせい》による「核」戦争」が始まってしまいかねません。これは大変ヤバイ状態です。

脆弱性による戦争が、核戦力ではない通常戦力を使ったものであれば、第四章でみたように、これを防ぐには安心供与が有効かもしれませんが、核戦力の場合は安心供与の効き目はずっと弱いといえます。

では、このような脆弱性による核戦争を防ぐためにはどうすればよいのでしょうか。アメリカを代表する核戦略家で、ノーベル経済学賞も受賞したトマス・シェリングは、

「人びとの安全ではなく、兵器の安全」を守ることが大切だと述べました。

え？　人間の命よりも核兵器を守れ？　どういうことでしょうか。普通に考えれば一見とんでもない話です。しかし、実はシェリングの言葉にはもっと深い意味が隠されているのです。

核兵器による先制攻撃を防ぐ手立てとは、たとえ相手から核攻撃を受けたとしても、その最初の核攻撃を生き延び、相手に確実に報復できる能力を、お互いに持ちあうことです。そのような能力をお互いに持ちあっていれば、どちらか一方による最初の核攻撃は、結局はお互いを確実に破壊し尽くす結果になります。そうなると分かっていながら、核兵器による先制攻撃をしかけてくる無分別な国はないはずです。

ここで重要になるのが、相手からの最初の核攻撃を生き延び、確実に報復できる能力です。そのような能力として、たとえば核兵器を積んだ潜水艦があります。地上にある爆撃機やミサイルは、こちらが使うより先に敵の攻撃を受けてしまい使いものにならなくなる危険がありますが、これに対して、世界中の海のなかのどこに潜んでいるか分からない核搭載潜水艦を見つけ出して先に破壊することはほぼ不可能だからです。

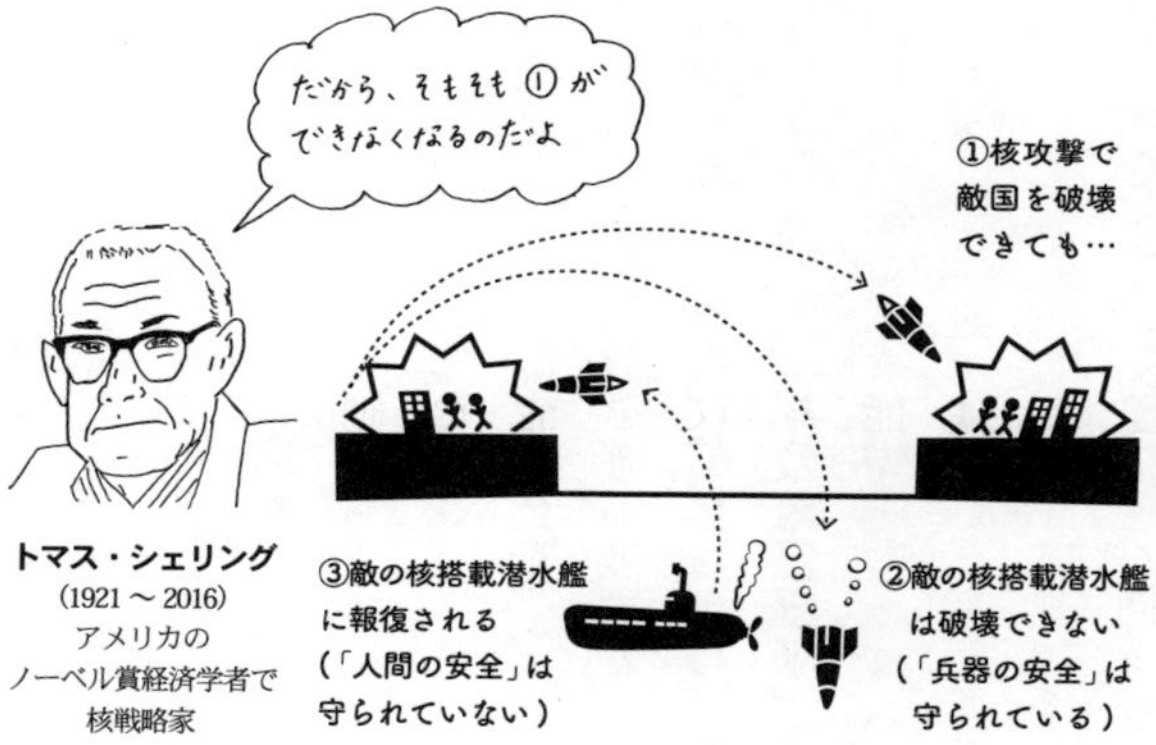

図6-1　相互確証破壊

ちなみに一九六〇年代にアメリカ軍は、核攻撃を受けた場合でも報復を指令できるような情報通信ネットワークを開発しました。今わたしたちが使っているインターネットです。

いずれにしても、脆弱性による核戦争が起こるのを防ぐには、報復能力を持つ核兵器の安全確保がまずもって不可欠です。逆に、人間の安全確保は危険、ということになります。なぜか。人間の安全が確保されているということは、報復が効かない、という意味になります。こちらからの報復が効かなければ、相手から先制攻撃を受ける危険が残ります。だからシェリングは、「人びとの安全ではなく、兵器の安全を守ることが大切だ」と言ったのです。

実際、アメリカとソ連は一九七二年にABM条約を結びました。ABMとは、アンチ(anti, 反)・バリスティック(ballistic, 弾道)・ミサイルですから、今でいう弾道ミサイル防衛のことです。この条約は、アメリカとソ連がABMの配備をお互いに制限するためのものでした。ABMがあると、人間の安全が確保されてしまい報復が効かなくなって困る、と考えられたからです。こうした「直観に反する理屈」を知っておかないと、核抑止は理解できません。

このように、**「たとえ相手から核攻撃を受けたとしても、自国の核戦力を残存させて相手に確実に報復できる能力があり、そのような能力はお互いが持っているので、どちらか一方による最初の核攻撃は、結局はお互いを確実に破壊し尽くす結果になる」**というような状態を**「相互確証破壊」**と言います。核抑止については、このように独特の専門用語が出てきますが、臆せずついてきてください。

実際に核兵器が使用され、相互確証破壊がなされたときは、敵対国も自国もともに滅亡します。最終的に相互確証破壊がなされることを保証しておくことによって、逆に核戦争ができないように強く抑止されているわけです。

このような相互確証破壊にもとづく核抑止は、核兵器をなくす以外では、核兵器を使えないようにする有効な手段だと考えられてきました。実際に国連による集団安全保障が機能不全となるなかで、アメリカとソ連のあいだで第三次世界大戦が起こることを防いできたのは核抑止だったと言っても過言ではありません。

同盟国を守る拡大抑止

こうしてアメリカとソ連は、相互確証破壊にもとづく核抑止をお互いに機能させてきました。ただ、核兵器を持たない国はどうすればよいのでしょうか。

たとえば日本です。日本は実際に核攻撃を受けたことのある世界で唯一の国ですから、核兵器に反対する気持ちをもっとも強く持っています。そこで日本は一九六七年に「非核三原則」を掲げました。核兵器を「持たず、作らず、持ち込ませず」とする三原則です。なお「持ち込ませず」というのは、外国、具体的には同盟国であるアメリカが、在日米軍基地などの日本国内に核兵器を持ち込むことを認めないという意味です。

ところが、そうするとたとえばソ連は、ソ連に核兵器で仕返ししてくるおそれのあるアメリカに対しては核攻撃はできないけれども、その心配のない日本に対しては核攻撃をためらわない危険があります。あるいは、核攻撃をためらわない危険があると日本を怖がらせ、日本にさまざまな要求を飲ませるうえで脅しに使おうとするかもしれません。

そこでアメリカは、**「自国に対してだけでなく、核兵器を持たない同盟国に対してなされた核攻撃にも核で反撃すると約束することで、同盟国への核攻撃を抑止する」**政策をとってきました。これを**「拡大抑止」**といいます。核抑止で守る範囲を、自国から同盟国にまで拡大しているわけです。ちなみに拡大抑止との対比で、核兵器保有国による自国を守るための核抑止のことは「基本抑止」といいます。

核兵器保有国の同盟国は、拡大抑止をやってもらえるのであれば、わざわざ自国が核兵器を持たなくてもすむでしょう。

拡大抑止のことを「核の傘」ともいいます。「核の傘」というと、ニュースなどでもたびたび解説されていますように、弾道ミサイル防衛システム、すなわち飛んできた核ミサイルを海上自衛隊のイージス艦の弾道ミサイル対処能力や、ペトリオット（PAC-3）などのミサイル迎撃システムで撃ち落とすことがイメージされるかもしれませんが、そうではありません。

日本に核ミサイルを撃てば、日本からは核ミサイルを撃ち返されることはなくとも、アメリカに撃ち返されると相手は考えるので、日本は核ミサイルを撃たれずにすむ。このような意味での「傘」ということです。

アメリカは日米安保条約にもとづいて、日本に対して拡大抑止を提供することを約束しています。日本の非核三原則は、実はアメリカの「核の傘」とセットではじめて成り立っているといえるのです。

アメリカのような核兵器保有国が同盟国に拡大抑止を提供するのは、同盟の結束を固めることに加え、たとえ同盟国であっても他国なのであり、他国が独自に核兵器を持って核保有国が増えてしまうことを未然に防ぐ（核不拡散）というメリットがあるからです。

守る側と守られる側のデカップリング

ただ、拡大抑止には難しい問題がついて回ります。拡大抑止って、本当に信用できるの？　という問題です。

冷戦のはじめのころの一九五〇年代、アメリカは「大量報復戦略」と呼ばれる核戦略を採用していました。大量報復戦略とは、「東側陣営がアメリカの同盟国を攻撃してきた場合には、たとえそれが核兵器ではない通常戦力によるものであったとしても、東側に対しただちに大量の核の雨を降らせて報復する」とするものでした。

当時のアメリカ政府の核戦争計画によれば、大量報復は、アメリカがソ連、中国、東ヨーロッパの一〇〇〇以上の攻撃地点に約三三〇〇発の核を撃ち込むとするものでした。それにより、ソ連人と中国人の約二億八五〇〇万人が死亡し、約四〇〇〇万人が重傷を負うと想定されていました。加えて東ヨーロッパでも数百万単位の死傷者が出るほか、味方であるはずの西側陣営でも放射能による被害者が生じるのを免れません。

もし大量報復が実行されれば、一四世紀にモンゴル帝国時代のユーラシアがペストで壊滅したことさえまだましに思えたでしょう……。

ところが一九六〇年代に入ると、大量報復戦略は取り下げられることになりました。というのも、拡大抑止を働かせるための大量報復戦略が、逆に拡大抑止への信頼を低下させることになるのではないか、との疑いが生じてきたからです。

どういうことか説明しましょう。たとえばソ連が、アメリカの同盟国である西ドイツやフランスを攻撃したとします。大量報復戦略にもとづけば、この場合アメリカはソ連に対し、核兵器による大量報復をおこなうことになります。ところがソ連は、アメリカに対する核報復能力を持っていますので、今おこなわれたアメリカからの大量報復に対するさらなる報復として、ソ連はアメリカ本土に核攻撃を加えることができます。

ここでいったん、西ドイツやフランスがソ連に攻められたときまで時計の針を巻き戻します。この時点では、アメリカ本土が攻撃を受けているわけではありません。このとき、もしアメリカが見て見ぬふりをすれば、少なくともアメリカ本土がソ連から核攻撃を受けるいわれはないことになります。同盟国に拡大抑止なんか提供しようとするから、アメリカ自身が危ない目にあうかもしれなくなるのです。

そうすると、アメリカはこのあと自分たちの国が灰と化す危険があることを承知で、それでもソ連の西ヨーロッパ侵攻に対し核で大量報復してくれるだろうか、という理にかなった疑いが生じることになってきます。

第三章でみました「同盟のジレンマ」なかの「巻き込まれ」の恐怖が、拡大抑止の提供元（この場合はアメリカ）に作用するということです。

拡大抑止は、抑止を提供する側とされる側が一蓮托生《いちれんたくしょう》、つまりカップルとなっていて、はじめて成り立つものです。ところが今、拡大抑止を提供する側のアメリカの都合と、提供される側の西ヨーロッパの都合が、一致しなくなる可能性が出てきました。カップルがカップルでなくなってしまうかもしれないということです。すると英語で否定を意味する「デ」という接頭語がつきます。「デカップリング」(decoupling)、すなわち「**拡大抑止の提供元と提供先の都合のあいだの不一致**」です。

ここで重要なのは、アメリカの西ヨーロッパの同盟国が不安になる、言い換えると「見捨てられ」の恐怖を抱く、という以上に、ソ連の目から、アメリカとその西ヨーロッパの同盟国とのあいだにデカップリングが生じ、アメリカの拡大抑止が機能しないことが合理的であるようにみえてしまう、ということです。

大量報復戦略は、アメリカによる西ヨーロッパへの拡大抑止がしっかり機能するとソ連を脅し、ソ連の西ヨーロッパ侵攻を有効に抑止するための戦略だったはずです。ところが、大量報復戦略をとることで、「アメリカとその西ヨーロッパの同盟国とのあいだでデカップリングが生じる合理的な疑いがある」とソ連に受け取られてしまい、それによってソ連の西ヨーロッパ侵攻を抑止する力をむしろ低下させてしまうおそれがあると心配されたのです。

そこで、代わって登場したのが「柔軟反応戦略」でした。

大量報復戦略が、東側陣営からの通常戦力による侵攻に対しても大量の核で報復する戦略であるのに対して、柔軟反応戦略は、「エスカレーション・ラダー」、言い換えると「段階的な戦争拡大のハシゴ」を、昇り降りする戦略です。

つまり、相手が核戦力ではなく通常戦力で攻めてきた場合には、こちらも核ではなくまずは通常戦力で対抗します。通常戦力同士の対決で紛争が収拾すればそれでよいのですが、もし対決がエスカレートした場合でも、いきなり相互確証破壊、すなわち戦略核と戦略核の全面対決の段階までハシゴを昇るのではなく、非戦略核同士の限定的な核戦争の段階を挟みます。

戦略核とは、アメリカとソ連にお互いに届き、都市を攻撃するのに使えるような核兵器のことで、非戦略核はそれ以外の核兵器、つまり核の使用が戦場に限られるなど限定的な核戦争で使用することを想定した、威力が比較的小さい核のことです。

このように、最初の軍事衝突からアメリカとソ連の共倒れまでのあいだにいくつもの段階を設け、段階ごとに柔軟に対応する戦略のほうが、大量報復戦略よりもアメリカによる報復の真実味が高まり、拡大抑止への信頼を向上させる、と考え直されたわけです。

それでも、デカップリングの心配がゼロになることはないと考えられますので、拡大抑止の提供元と提供先のあいだで日頃からよく話し合っておくことが重要だといえるでしょう。

なお、大量報復戦略から柔軟反応戦略への転換は、実は日米関係にも影響を与えました。アメリカは日本と一九五一年に第二次世界大戦の講和であるサンフランシスコ講和条約を結んだのちも、二〇年以上にわたって沖縄を統治しており、その間沖縄に約一二〇〇発もの核弾頭（ミサイルの頭の部分に装着する核爆発装置）を持ち込んでいました。

一九七二年、沖縄が日本に返還されたのにともない、これらの核弾頭はすべて沖縄から撤去されました。日本には非核三原則がありますので、日本に返還された沖縄に核兵器を置いておくわけにはいかないからです。

ただし、沖縄からアメリカの核兵器が撤去された理由は、日本が非核三原則を掲げているから、というだけではありませんでした。

アメリカが沖縄に核兵器を配備していたのは、もともとはアジアで東側陣営に近いところにある沖縄から大量報復をおこなうためでした。ところがアメリカの核戦略そのものが柔軟反応戦略に変わりましたので、初手から使わない核兵器を沖縄に置いていても意味がなく、むしろ最初に敵の餌食になりかねないので遠くに下げる必要が出てきた、という事情があったのです。

いずれにしても、拡大抑止の提供元と提供先のあいだでデカップリングが生じる合理的な疑いが出てくると、拡大抑止への信頼が下がり、その分、敵対国に対する抑止が効きにくくなります。

実は近年心配されている北朝鮮による核兵器開発問題の最大の焦点もここにあります。北朝鮮はこれまで核実験やミサイル発射実験を繰り返し、自国の核能力を着々と向上させてきています。

北朝鮮が、自分たちが核で報復されるおそれのない韓国や日本に核攻撃しようとしても、実行すると韓国や日本の同盟国であるアメリカが北朝鮮に報復することになりますので、北朝鮮には拡大抑止が効いているといえます。ここで、北朝鮮の核ミサイルがアメリカに届かないのであれば、アメリカは安全な場所から北朝鮮に報復できますから、北朝鮮に対する抑止は強く効きます。

ところが、北朝鮮の核ミサイルがアメリカに届くということになりますと、拡大抑止の提供元であるアメリカと提供先である韓国・日本のあいだにデカップリングが生じるおそれが出てきます。

そこで北朝鮮の核開発問題については、北朝鮮のアメリカに対する核報復能力の向上を阻止できるかどうかが一番重要なポイントなのですが、北朝鮮が応じないので、残念ながらうまくいっていないのが現状です。

限定的な紛争につながりうる「安定・不安定のパラドックス」

デカップリングとの関連で心配されるのは、朝鮮半島で**「安定・不安定のパラドック**

ス」と呼ばれる現象が生じることです（読み進めるのに疲れた人はこの辺でジュースでも飲んで一息入れてください）。パラドックスとは、逆説、つまりこの本でもたびたび取り上げている「直観に反する理屈」のことです。

もし北朝鮮が、アメリカ本土を攻撃できる核報復能力を持ったとしましょう。そうすると、アメリカが北朝鮮を抑止する一方で、北朝鮮も、アメリカ本土を破壊し尽くすまではできないにしても、アメリカを一定程度抑止できることになります。そうすると、アメリカと北朝鮮のあいだで核の撃ち合いになる可能性は下がり、一見両者の関係は安定するような気がします。

ところが、それまでは北朝鮮が核の撃ち合いにならないような限定的な紛争に乗り出すことすら、アメリカの核の力で抑止されていたわけですが、これからは必ずしもそうはいえなくなります。

たとえば北朝鮮が、ほとんど人が住んでいないような日本の田舎にミサイルを撃ち込み、牛が三頭死にました、となったときに、アメリカが北朝鮮に核で報復するか怪しいと、北朝鮮が考える可能性があります。日本の田舎での三頭の牛の犠牲と、アメリカが日本に代わって北朝鮮に報復することでアメリカ自身が北朝鮮のさらなる核報復にさらされる危険が、釣り合わないからです。

このように、**「お互いに核報復能力を持つことで、核の撃ち合いになる可能性が下がるという点では両者の関係は安定するようにみえるけれども、実は限定的な紛争が起きやすくなり不安定化する」**というのが、「安定・不安定のパラドックス」です。

この「安定・不安定のパラドックス」は、現在のウクライナで実際に起こっていると考えられます。核兵器保有国であるロシアは、核を持たないウクライナを侵略しており、ウクライナから核で報復されることを心配せずにウクライナに核を使用することもできます。

これに対しNATOは、ウクライナと正式な同盟関係にはないものの、ウクライナを支援する立場から、もしロシアがウクライナに対し核兵器を使用した場合は「対応する」と明言しています。NATOが言う「対応」のなかに、NATOの核兵器によるロシアへの報復が含まれる可能性があり、少なくともロシアのプーチン大統領はその可能性を考えざるをえないので、ロシアによるウクライナへの核攻撃は今のところ抑止できているといえそうです。

ただし、ロシアの側もＮＡＴＯに対する核報復能力を持っていますので、核の撃ち合いにならない程度の限定的な紛争にロシアが乗り出すこと自体は防ぐことができませんでした。ロシアとＮＡＴＯの関係は、核戦争にはならないという意味では一見安定していますが、そうであるがゆえに、それ以下のレベルでのウクライナ侵略を抑えられず、東ヨーロッパは不安定化してしまったとみることができるのです。

東アジアでも、もし核兵器保有国である中国が台湾侵攻に乗り出し、そこでロシアがウクライナでしているように、核の脅しを振りかざした場合、中国と、台湾を助ける国（アメリカ）とのあいだで核の撃ち合いにはならないものの、中国の通常戦力による台湾侵攻の開始自体は許してしまうおそれがないとはいえません。

ですので、このような「安定・不安定のパラドックス」の下では、通常戦力のレベルで抑止を働かせる必要があります。

拒否的抑止としてのミサイル防衛

さて、ここまで述べた相互確証破壊や拡大抑止の話は、核抑止のなかでも「**懲罰的抑止**」と呼ばれるカテゴリー（分類）に入ります。懲罰的抑止とは、「**敵対国に耐えがたい損害を与える、つまり懲罰すると脅して、敵対国が攻撃をしかけてくるのを抑止すること**」です。

これに対して、「**拒否的抑止**」という抑止のかたちがあります。「**敵対国からの攻撃を物理的に阻止（拒否）できるので、攻撃してもムダだと思わせ、抑止すること**」です。

拒否的抑止の典型例は、日本も配備しているミサイル防衛です。もし日本のミサイル防衛が完璧ならば、日本に核ミサイルを撃ってもすべて撃ち落とされるだけでやるだけムダですので、日本に核ミサイルを撃とうとは思わないでしょう。

拒否的抑止は懲罰的抑止に比べて、核に反対する気持ちの強い日本人にも受け入れられやすい抑止のかたちではあります。ただ、残念ながらミサイル防衛システムは完璧ではありません。また北朝鮮、中国、ロシアは、現在のミサイル防衛システムを突破できる新型ミサイルの開発を進めています。そうするとイタチごっこになりますね。

拒否的抑止も重要ですが、それだけでは不十分ですので、懲罰的抑止（日本の場合はアメリカによる拡大抑止）を組み合わせて抑止力をかたちづくることになります。

「恐怖の拡散」よりも「恐怖の独占」

核抑止と同時に、世界では核兵器保有国を増やさない、核不拡散のための取り組みも進められてきました。核兵器が拡散すれば、それだけ核のボタンに手が触れる機会も増えて危険です。

そこで一九六八年に、核不拡散条約（ＮＰＴ）が結ばれました。核不拡散条約では、この条約が結ばれた時点で核兵器を持っていたアメリカ、ソ連、イギリス、フランス、中国にのみ核の保有を認め、それ以外の国が核を持つことを禁止しました。ちなみに核不拡散条約で核兵器の保有を認められた五カ国は、国連安保理常任理事国のメンバーと同じです。

これら五カ国以外の国、たとえば北朝鮮が核兵器を持つのは核不拡散条約違反ですので、北朝鮮は国連安保理決議にもとづく経済制裁を課されています。中東のイランも核開発を進めており、こちらも国連安保理決議による経済制裁の対象となっています。仮に日本が非核三原則を捨てて核兵器を保有したとすると、やはり核不拡散条約違反となり、国連から制裁を受けるでしょう。

アメリカやソ連などの五カ国は核兵器を保有してもよくてそれ以外の国はダメ、というのは、たしかに不公平に感じられますよね。しかし、では公平に、ということにすると、「すべての国が核兵器を持たないか、すべての国が核兵器を持つか」のどちらかになります。そして核兵器廃絶が現状では難しいということを考えると、公平さを重視することは、核兵器の拡散を招いてしまいかねません。

つまり、**すべての国が公平に核兵器を持つ「恐怖の拡散」よりも、不公平だが核保有国の数を限る「恐怖の独占」のほうがマシ**、というのが現在の核不拡散体制の基本的な考え方になっています。国連でP5の拒否権を認めているのと同じように、主権国家システムのなかで、あえて不公平さを受け入れているのです。

しかしそもそも核不拡散条約に入っていないインドやパキスタンが核兵器を保有するようになりましたし、北朝鮮やイランによる核開発もおこなわれていることで、核不拡散条約が想定したような「恐怖の独占」が崩れ、「恐怖の拡散」が生じつつあります。イスラエルが核兵器を保有していることも、公然の秘密とされています。

核軍縮の落とし穴

核不拡散とともに、核兵器の数を増やさないとする核軍備管理や、核兵器の数を減らす核軍縮への取り組みも進められてきました。

核軍備管理としては、一九六三年に署名された部分的核実験禁止条約（ただし地下での核実験は可能）や、一九七二年に署名された戦略兵器制限条約（SALT《ソルト》）があります。また一九八七年に中距離核戦力（INF）削減条約が、冷戦終結後の一九九一年には戦略兵器削減条約（START《スタート》）が署名され、核軍縮がおこなわれてきました。

しかし、これらの取り組みには限界もあります。一九九六年、国連は部分的核実験禁止条約を強化した包括的核実験禁止条約を採用するとしましたが、参加国が少なく、いまだに条約としての効力を持っていません。アメリカとソ連（ロシア）の対立によってSALTもINF条約もなくなりましたし、STARTも期限つきです。

それだけではなく、核軍縮そのものも一筋縄《ひとすじなわ》ではいきません。というのも、アメリカとロシアのあいだで核軍縮が進むことは、実は世界全体の核軍縮にとってむしろ逆効果になるおそれがあるからです。こちらについても説明しておきましょう。

現在、アメリカとロシアはそれぞれ五〇〇〇発くらいの核弾頭を保有しています。そしてこの両国のあいだでは、冷戦時代以来の相互確証破壊が成り立っているといえます。それに対し、三番手の中国が保有する核弾頭の数は六〇〇発くらいだといわれていますので、アメリカとロシアに大きく水を開けられています。

ところが、仮にアメリカとロシアが三〇〇〇発くらいまで核弾頭の数を減らすとしたらどうなるでしょうか。中国も足並みをそろえて核軍縮に参加してくれるでしょうか。

残念ながらそうはならないでしょう。

なぜなら中国からすれば、逆にここで一気に核軍拡をおこなって、アメリカやロシアと核弾頭数の差をつめれば、これらツー・トップとのあいだで相互確証破壊の関係を築けるかもしれないからです。つまり、**二大核大国のあいだの核軍縮は、三番手に核軍拡のインセンティブを与えてしまう**おそれがあります。

もし中国のもくろみ通りに、相互確証破壊がアメリカとロシアに中国も加えた三カ国のあいだで成立することになればどうなるでしょうか。

ここで、第三章で取り上げた第一次世界大戦直前のヨーロッパの状況を思い出してください。フランスとロシアに挟まれたドイツは、フランスとロシアの連合軍が示し合わせてドイツに攻めて込んでくるという最悪の事態を想定した備えをおこない、今度はそれに対してフランスとロシアそれぞれが最悪の事態を想定することになったため、これら三カ国はお互いに軍拡競争をとめられない「安全保障のジレンマ」に陥ってしまいましたね。

ここでこのことを当てはめると、たとえばアメリカは他の二カ国、この場合ロシアと中国が手を組むことを想定して、核弾頭の数をそろえなければならなくなります。ロシアも中国も同じです。

つまり、敵対国と相互確証破壊の関係を築くことができる国が二カ国から三カ国に増えると、「「核」の安全保障のジレンマ」が発生するおそれが出てきてしまうのです。アメリカ・ロシア・中国のあいだの核軍拡のスパイラルです。核軍縮が逆効果になるというのは、このような意味なのです。

核兵器を使わせないために

二〇〇九年、アメリカのオバマ大統領がチェコの首都プラハで、核兵器廃絶をめざすとするプラハ演説をおこないました。また二〇二一年には核兵器禁止条約が成立しました。しかし、オバマ政権の下では核廃絶どころか核軍縮すら進みませんでした（理由は先ほど説明した通りです）。核兵器禁止条約も、核兵器保有国が加わっていないので実際には力を持ちません。

冷戦時代以降、国連の集団安全保障が機能しないなかで第三次世界大戦が起こらなかったのは、核抑止が働いたからだとみることができます。これはある種の力のバランスですが、ただ一九世紀ヨーロッパ流の勢力均衡とは異なり、地球と全人類そのものを人質にとった「恐怖のバランス」でした。

この章で紹介した相互確証破壊は、英語では「ミューチュアル（mutual, 相互に）・アシュアド（assured, 確証された）・ディストラクション（destruction, 破壊）」となり、その頭文字からマッド（ＭＡＤ）と略されます。

　実はこれは英語のかけ言葉になっています。英語のマッドには、「狂気の」という意味がありますね。地球と全人類そのものを人質にとるような安全保障はマッドだ、と言っているわけです。スタンリー・キューブリック監督の映画『博士の異常な愛情――または私は如《い》何《か》にして心配するのを止めて水爆を愛するようになったか』は、核抑止のマッドさを描いた名作です。

　冷戦が終わり、人類は核兵器によるマッドな安全保障から解放されたかのようにみえました。しかしその後も北朝鮮などへの核拡散が進み、ロシアはウクライナ侵略に核の脅しを使っています。わたしたちの暮らしは、いまだに核兵器の恐怖と隣り合わせなのです。

　また、そもそも核抑止は、「国ぐには合理的に行動する」と想定としていますので、非合理的なリーダーが核を撃ってくる危険はないのかと言われると、まったくないと言いきることはできないでしょう。

　ちなみにこの本では「国ぐには合理的に行動する」ことを前提に話を進めてきました。

このことは基本的にはまちがいではありませんし、勢力均衡や抑止といったキーワードを理解するための不可欠の前提なのですが、厳密にいえば一〇〇パーセント正しいわけではない、ということは申し添えておきます。

さらにいうと、事故の可能性だって、ないとはいえません。実際に冷戦中の一九七九年、アメリカで、電話交換手のミスによってアメリカがソ連から核攻撃を受けているとの情報が流れ、報復のために戦闘機が発進するという事件が起こっています。ソ連でも一九八三年に、報復用のミサイルが発射されそうになったことがありました。ミサイル攻撃を探知する自動警戒システムが、太陽光の雲への反射をアメリカからの弾道ミサイル発射で生じた光だとかんちがいしたのです。

かといって、核兵器廃絶の理想が近々《きんきん》に実現する見通しがないのも現実です。核兵器の存在を前提に、それを使わせない状態をいかに保っていくかが重要だといえるでしょう。

第七章　戦争はどう終わるのか――戦争終結

終わりのみえない戦争

現在、ロシアによるウクライナ侵略の終わり方に世界中が関心を寄せています。プーチン大統領に侵略をやめる気配はなく、これに対しウクライナは抵抗を続けています。一方、とにかく今すぐ停戦すべきだとする即時停戦論も唱えられています。

世界の力関係について考える場合、まずは「戦争の防ぎ方」について考えなければなりません。そこでこの本では、勢力均衡や集団安全保障、核抑止といった仕組みや、その欠陥について学びました。

ただ、戦争の防ぎ方を考えるだけでは不十分です。もし不幸にして戦争が起こってしまった場合、これをどう終わらせるのかも考える必要があるからです。前の章でみた人形劇の女の子も、もしアジア太平洋での第二次世界大戦がもっと早く終わっていれば、核兵器による悲劇に見舞われることもなかったはずです。それでは「戦争の終わり方」

については、どのように考えればよいのでしょうか。

戦争終結のジレンマ――「紛争原因の根本的解決」か「妥協的和平」か

戦争終結について考えるうえで、過去の戦争がどのように終わったのかを振り返ることが、大いに参考になるでしょう。ただ、単に「○○戦争は一方の国が敵国をやっつけて終わりました」「××戦争では休戦協定が結ばれました」「△△戦争ではこうでした」といったように、事実を並べてみるだけでは、結局「戦争によってさまざまな終わり方がありますね」というとりとめもない話でそれこそ終わってしまいます。

そこで、さまざまな戦争の終わり方をまとめて考えることができるようにするために、この本では「戦争終結のジレンマ」という分析レンズを紹介したいと思います。

この点について少し説明しておきます。これもわたくしごとで恐縮ですが、わたしは二〇一〇年代のはじめに、総理大臣官邸に出向し、安全保障と危機管理の仕事を経験しました。そのときに感じたことが、これからの日本の安全保障について考えるうえで、戦争の防ぎ方という、問題のいわば「入口」だけでなく、起こってしまった戦争からいかに抜け出すかという「出口」についても議論していくことが大事なのではないか、という点でした。

実は日本では戦争終結というテーマではほとんど研究がおこなわれてきませんでした。戦争終結について研究する？　戦争を始める気なのか！　といった誤解があったのかもしれません。そこで官邸での仕事を終えて、研究生活に戻ってから戦争終結の研究に取り組み、その結果、今申し上げた「戦争終結のジレンマ」という分析レンズにたどり着いたわけです。

ここでは、戦争終結には大きく二つのかたちがあると考えます。一つは「紛争原因の根本的解決」。もう一つは「妥協的和平」です。

このとき、戦っている勢力のうち、まずは優勢な側の目から考えてみます。戦争が、力と力のぶつかり合いである以上、力が強い側の見方に立つほうが流れを理解しやすいからです。

優勢勢力側からすれば、劣勢となった交戦相手をコテンパンに叩《たた》きのめし、再起不能にすることが望ましいと考えられます。そうしておけば、この相手とは今後二度と戦争せずにすむからです。将来の禍根を絶つことができるというわけです。交戦相手に完全勝利し、無条件降伏を押しつけ、それによって将来の禍根を絶つ。このような戦争終結のかたちが「紛争原因の根本的解決」です。

たとえば第四章でみたように、第二次世界大戦で連合国は、交戦相手であるナチス・ドイツの首都ベルリンを陥落させ、ヒトラーを自殺に追い込み、ドイツの主権そのものを消滅させるまで戦いました。アジア太平洋での大戦の終結も、日本の無条件降伏で終わりましたからこのカテゴリーに入ります。

ところが、たとえ優勢勢力側であるといっても、交戦相手を完全につぶすとなるとそれなりの血を流すことが求められます。多くの兵士の命が失われるなどの犠牲を覚悟しなければならないということです。それがイヤなら、将来に禍根を残すかたちになるかもしれませんが、交戦相手と妥協して途中で戦争を終わらせる、という選択肢が出てきます。つまり「妥協的和平」という終わり方です。

第五章で取り上げた一九九一年の湾岸戦争では、多国籍軍はクウェートに侵攻していたイラク軍への攻撃を途中でやめ、クウェート侵攻を始めたイラクのサダム・フセイン大統領の政治体制を結果的に生きながらえさせました。イラクの首都バグダッドまで攻めていくことで、多国籍軍側の犠牲が増えるのを避けるためでした。

ただ、これが結果的にアメリカにとって将来に禍根を残すかたちとなり、二〇〇三年にアメリカを中心とする有志連合軍は再びフセイン体制と戦わなければならなくなりました。イラク戦争です。

「将来の危険」と「現在の犠牲」のバランス

いずれにしても、戦争終結のかたちは、「紛争原因の根本的解決」か「妥協的和平」かのどちらかの方向に転びます。そしてそれを決めるのは、優勢勢力側が「将来の危険」と「現在の犠牲」のバランスをどうみるかです。

戦争では優勢勢力側が、交戦相手を生かしておくことで、のちのちこの敵ともっと大きな戦争を戦わなければならなくなるといった「将来の危険」を強く心配する場合があるでしょう。その際、戦争を続けることによる自軍の「現在の犠牲」が小さいか、それを甘んじて受け入れられると考える場合は、優勢勢力側は「紛争原因の根本的解決」に向かって進むでしょう。

逆に、「現在の犠牲」が大きい割に、交戦相手と妥協することの「将来の危険」がそれほどではないということになれば、「妥協的和平」の道に向かうと考えられます。

第二次世界大戦で連合国は、ヨーロッパ中に戦争をしかけたナチスの「将来の危険」はきわめて大きいと考え、今血を流してでもナチスの息の根を止めてしまわなければならないと判断しました。逆に湾岸戦争でアメリカは、バグダッドまで攻め込むことで「現在の犠牲」が増えるのを避けることを重視しました。その一方、戦争で負けたフセイン体制は自国民から見放されて間もなくつぶれるとして、「将来の危険」を軽くみていました（結果的にこの予想は外れ、フセイン体制は存続しますが）。

戦争の終わり方は、ヨーロッパでの第二次世界大戦のように、一方（連合国）が他方（ドイツ）を完全につぶしてしまうケースもあれば、湾岸戦争のようにそうでないケースもあり、さまざまです。しかし実はよくみてみると、どの戦争の終結のかたちも、結局のところ「将来の危険」と「現在の犠牲」のバランスをどう考えるかによって決まるという点では、同じなのです。

ここで問題になるのが、**「将来の危険」を取り除くべく「紛争原因の根本的解決」をめざすためには、今戦われている戦争で自分たちが犠牲を払う必要があり、逆に、「現在の犠牲」を避け、「妥協的和平」でよしとするのなら、将来にわたり危険と共存していかなければならない**、ということです。戦争の終わり方のかたちは、このような**「戦争終結のジレンマ」**のなかで探さなければならないというところに難しさがあるわけです。

優勢勢力と劣勢勢力が影響しあう

ここまでみたのは、連合国からみた「紛争原因の根本的解決」、あるいは多国籍軍側からみた「妥協的和平」でした。強い側の見方です。それでは弱い側は、戦争終結のかたちに影響を与えることはできないのでしょうか。

たとえばイラク戦争では、湾岸戦争のときとはちがい、アメリカなどの有志連合軍は、圧倒的な強さにより、きわめて短期間で、フセイン体制を完全に倒しました。たしかにこうしたケース、すなわち勝敗が明らかだったり、優勢勢力側が「紛争原因の根本的解決」の「極」(一番極端なかたち)に強くこだわったりする場合では、いったん戦争が始まってしまうと劣勢側（フセイン側）の打つ手はきわめて限られます。また、そもそも敗者は勝者に、「紛争原因の根本的解決」を押しつけられないでしょう。

なおアメリカがイラク戦争でバグダッドを陥落させ、フセイン体制を打倒するという「紛争原因の根本的解決」にこだわったのは、イラクが核兵器などの大量破壊兵器を持っていて、それらがテロリストの手に渡るとアメリカが危険にさらされると心配したからでした。これより少し前に9・11同時多発テロ事件が起こり、アメリカでテロへの恐怖が高まっていました。

ただし、すべての戦争がイラク戦争と同じであるわけではなく、たとえ劣勢勢力側だったとしても、優勢勢力側の判断に影響を与えることができる場合がありえます。

劣勢勢力側は相手から「紛争原因の根本的解決」を押しつけられるよりも、戦争を「妥協的和平」のかたちで終わらせるため、自分たちにはあなたたちが考えているような「将来の危険」はありませんよ、と訴えるか、それとも抵抗を続けて相手側の「現在の犠牲」を増やす、ということができるかもしれません。

そうすると劣勢勢力側の出方によって、優勢側は「将来の危険」と「現在の犠牲」のどちらを重視したらいいかをよく考えないといけなくなります。このとき優勢勢力側は、劣勢側に妥協するか、いや、犠牲が増えるかもしれないが妥協しないか、どちらかの判断を迫られるでしょう。ここで、優勢勢力側と劣勢勢力側の出方がお互いに影響しあうことになります。

第五章で少し触れた朝鮮戦争は、共産軍（中国・北朝鮮側）と国連軍・韓国軍のあいだの戦いです。この戦争でアメリカなどは、「国連軍」の名前で韓国側に立って参戦しました（北朝鮮の親分であるソ連が安保理を欠席していて拒否権が使われませんでした）。共産軍側は、本来は優勢勢力である国連軍と韓国軍側を相手に、戦線が膠着《こうちゃく》するくらいに抵抗することができました。

国連軍側からみれば、こうした膠着状態は、やろうと思えば共産側に対し核兵器を使用することによって打ち破ることができるものでした。実際、国連軍の司令官だったダグラス・マッカーサー元帥（当時、日本占領の最高責任者でもありました）は、核兵器を使用すべきだと主張しました。そうすれば北朝鮮を完全に打倒することができ、韓国が朝鮮半島を統一して「紛争原因の根本的解決」が実現できるのだと。

しかし、もし核兵器を使用するような事態となれば、アメリカは中国のみならず、ソ連との全面戦争を覚悟しなければならなくなり、その場合には膨大な犠牲が生じるおそれがありました。アメリカはそれよりも、北朝鮮の「将来の危険」と共存することになったとしても「妥協的和平」のほうがマシだと考え、一九五三年に休戦協定を結びました。現在でも、韓国と北朝鮮は朝鮮半島中部を通る北緯三八度線近くの軍事境界線を挟んでにらみ合っています。

またベトナム戦争の終わり方も、朝鮮戦争に似ています。アメリカと敵対した北ベトナム側は、自分たちの犠牲が増えることを覚悟のうえで、アメリカ・南ベトナム側に血を流させます。結局犠牲に耐えきれなくなったアメリカは、今後南ベトナムの親米・反共産主義政権を北ベトナムから守れなくなる危険があるのを分かったうえで、和平協定締結という「妥協的和平」によって、泥沼の戦争から抜け出すことにしました(アメリカ軍の撤退後、北ベトナムが南ベトナムに勝利し、一九七五年に南北ベトナムを統一しました)。

以上を踏まえると、戦争終結についてのスペクトラム(連続体)をイメージすること

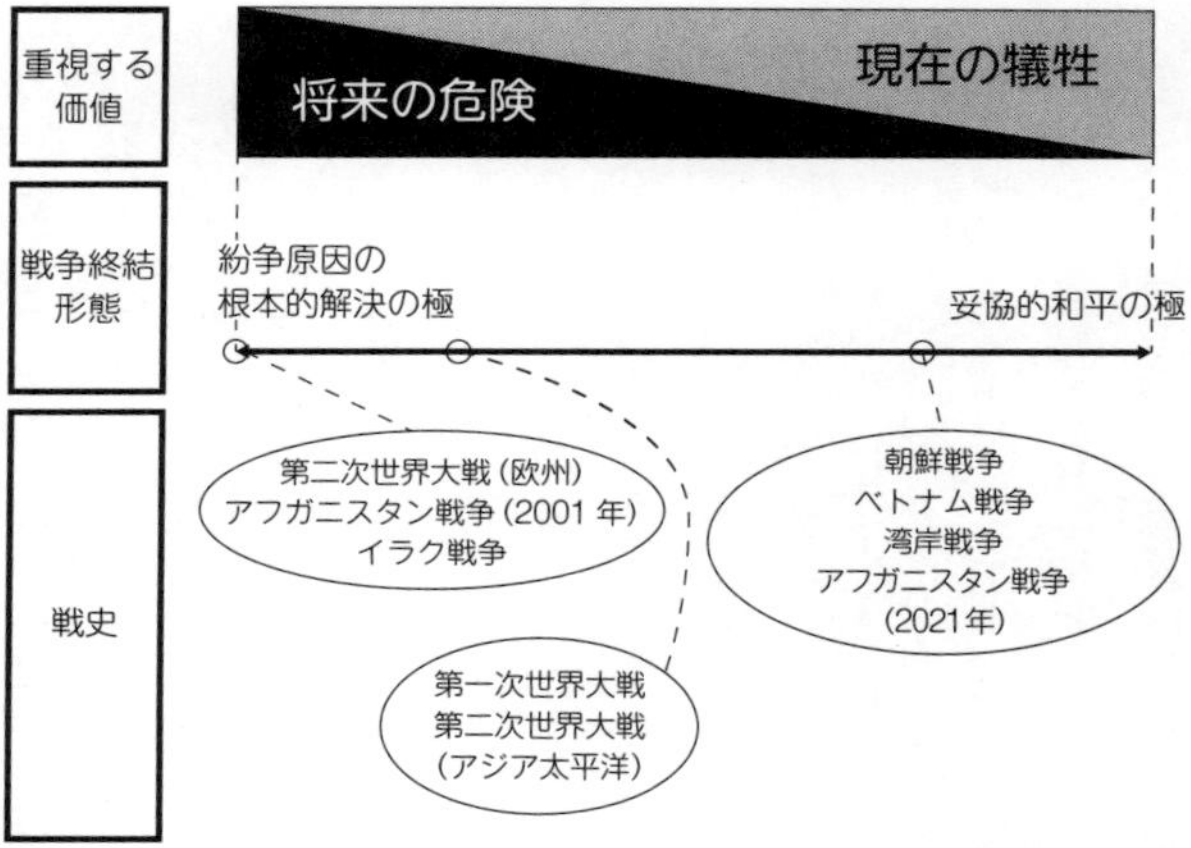

図 7-1　戦争終結のジレンマ

ができます。

スペクトラムの一方のハシに、「紛争原因の根本的解決」の「極」があります。ここでの「極」とは、交戦相手を根絶やしにするようないわゆる「カルタゴ的平和」です。紀元前二世紀、地中海世界の支配権をめぐるローマとカルタゴの最終決戦となった第三次ポエニ戦争で、勝利したローマが敗れたカルタゴの存在を地上から抹殺した故事に由来します。他方のハシにも、「妥協的和平」の「極」があります。ここでの「極」は、交戦相手の要求の丸呑《まるの》みとしておきましょう。

そして戦争が進むなかで、二つの「極」

のあいだのどこかの地点で「将来の危険」と「現在の犠牲」のあいだのバランスが定まり、戦争が終結することになると考えられます。

このような戦争終結の考え方は、おそらく多くの人びとの直観に反するものです。直観的には、強者は常に「紛争原因の根本的解決」の極をめざし、交戦相手が抵抗することで引き分けに近づくにつれて、「妥協的和平」のほうに下がっていく、とイメージされるでしょう。

しかし「戦争終結のジレンマ」の考え方では、強者が常に「紛争原因の根本的解決」の極をめざすことにはなりません。なぜなら強者は、まさに自らの強さゆえに、弱者である交戦相手の「将来の危険」を恐れずに、妥協することができるからです。これは実際に湾岸戦争でアメリカがイラクに対してしたことでした。

イギリス・北ベトナムと日本帝国の分かれ目

続いて、劣勢勢力側の決断についても、過去の例からみてみましょう。

第二次世界大戦では最終的には連合国が勝利しますが、一九四一年にアメリカが参戦する前は、ナチス・ドイツ側が優勢だった時期があり、実際に一九四〇年にフランスはドイツに屈服するかたちで休戦しました。一方、イギリスは、チャーチル首相のリーダーシップの下で、自陣営からフランスが脱落したあともドイツとの戦争を続けることを選びます。

ここでフランスとイギリスがちがった判断をした理由の一つとして、自分たちが置かれた環境についてのとらえ方のちがいがありました。イギリス・フランス側が劣勢を挽《ばん》回《かい》するためには、アメリカが連合国側に加わってくれることが必要なのですが（この時点ではアメリカは参戦していません）、フランスがアメリカ参戦の見込みはないと見切ったのに対して、イギリスは望みを捨てませんでした。

もう一つは、守るべき価値の問題です。フランスは、首都パリが火に包まれることになるような「現在の犠牲」を払うよりも、「ナチスが支配するヨーロッパ」という「将来の危険」を仕方なく受け入れることを選んだといえます。これに対しイギリスは、「民主主義」という価値を守るために、「現在の犠牲」を払ってでも、ヒトラーの「将来の危険」を受け入れることはできないと決意しました。

ベトナム戦争での北ベトナムも、第二次世界大戦のときのイギリスに似ています。北ベトナムは劣勢勢力でしたが、アメリカ側に対し、やりすぎると北ベトナムを支えている中国やソ連との戦争へとエスカレートするかもしれないと心配させ、アメリカが全力で攻め込んでくるのを押しとどめることができました。

さらに北ベトナムには、どんな犠牲を払ってでも守るべき、「民族の独立」という価値がありました。ベトナムは一九世紀にフランスの植民地になって以来、ずっと外国(このなかには第二次世界大戦での日本帝国も含まれます)に支配されてきた歴史があったからです。

一方、環境と価値という点で判断を誤ったのが、日本帝国です。第二次世界大戦で劣勢に立たされた日本は、連合国とのあいだで少しでも有利な「妥協的和平」を実現するために、ソ連の力に頼ろうとしました。一九四五年七月、連合国は日本に降伏を勧めるポツダム宣言を発表しましたが、日本はすぐに受け入れませんでした。ソ連に、アメリカなどの連合国とのあいだをとりもってもらって、ポツダム宣言の内容よりももっと有利な条件を連合国側から得ようとしたからでした。

ところがソ連は、日本のために連合国とのあいだをとりもってくれるどころか、対日参戦してきたのです。これよりおよそ半年前のヤルタ会談（第五章参照）の場で、すでにソ連はアメリカに対日参戦することを密かに約束していました。ソ連の仲介によって環境を自分たちに有利なかたちに変化させるという日本の策は、そもそも最初からありえなかったのです。

日本がソ連の力を借りてでも連合国から得ようとした条件とは、「国体護持《こくたいごじ》」を保証してもらうことでした。国体護持とは、天皇を中心とする日本の国の在り方（国体）を守ることです。しかし国体護持のために多くの国民が戦争の犠牲になるのでは、元も子もありませんでした。

なお当時の日本や、あるいは二つの世界大戦でのドイツは、自分たちが負けそうになると、交戦相手である連合国のあいだで仲たがいが起こることを期待し、なかなか戦争終結に踏み出そうとしませんでした。しかしそのような離間策《りかんさく》はどれも成功していません。策というよりも、希望的観測にすがったにすぎないといえます。

劣勢勢力側は、環境を自分たちに有利なかたちに変化させることができるかや、自分たちが守ろうとしている価値が犠牲に見合うものなのかを、希望的観測にすがらずに考える必要があります。そのうえで、「現在の犠牲」を払ってでも交戦相手に屈しないか、それとも「損切り」によって事態を収めるのかを、決断しなければなりません。

ロシア・ウクライナ戦争とイスラエル・ガザ紛争の出口

それでは、今続いているロシア・ウクライナ戦争の終わり方については、どのように考えればよいのでしょうか。この戦争が始まった当初にプーチン大統領が思い描いていた出口は、「ウクライナの首都キーウを陥落させ、ゼレンスキー政権を倒して、ウクライナの武装を解くとともに、NATOに加盟させないこととする」とするものでした。優勢勢力であるロシアからみた「紛争原因の根本的解決」です。

この背景には、ウクライナが西側寄りになることを「将来の危険」とみなす、強迫観念のようなものがあったと考えられます。一方、ロシアはこれより前の二〇〇八年に隣国ジョージアに侵攻したり、二〇一四年にもウクライナ領クリミアを一方的に併合したりしていましたが、ロシア軍はほとんど犠牲を出しておらず、ウクライナを侵略しても

「現在の犠牲」は少ないと考えた可能性があります。

逆に劣勢側のウクライナからみた場合、「現在の犠牲」を避けるために武器を置き、ロシアに降伏するとどうなるでしょうか。ロシアの占領下でおこなわれたような虐殺や女性への暴力、強制的な連れ去りといった「将来の危険」にさらされるでしょう。そこでウクライナは徹底抗戦する道を選びました。そして西側からの支援が、ウクライナによる抵抗を可能にしてきました。

二〇二五年一月現在、ロシアはウクライナ東部・南部の四つの州の大部分を占領しています。ここでロシアが停戦するメリットはなさそうです。このまま戦いを続け、ウクライナや西側が疲れ果てれば、キーウを陥落させることも夢ではなくなるからです。またウクライナ側は、たとえ停戦しても、ロシアが態勢を立て直し、合意を破って再び攻めてくる「将来の危険」を受け入れなければなりません。アメリカのトランプ政権は停戦を求めていますが、仮に停戦したとしても一時的なものとなり、紛争自体は長期にわたって続いていく可能性もある、といえるでしょう。

また、イスラエル・ガザ紛争では、優勢勢力であるイスラエルは、ハマスを滅ぼすとしています。二〇二三年になされたようなハマスによるテロの「将来の危険」を根絶するためとされます。二〇二五年一月にイスラエルとハマスのあいだでいったん停戦が合意されましたが、停戦がいつまで続くかは予断を許しません。

イスラエルが戦闘を再開すればハマスも抵抗しますし、ガザ全土を占領するとなるとイスラエル側の「現在の犠牲」も増えていきます。その場合、結局イスラエルは犠牲を払いながら、イスラエルからみた「紛争原因の根本的解決」は果たせず、どこかで撤退するしかなくなる可能性があります。

出口戦略の難しさ

なおこの章で説明した戦争終結論についてもっと詳しく知りたいという方は、またまた手前味噌《てまえみそ》ですが、わたしが書いた『戦争はいかに終結したか』という新書をお読みいただければと思います。ただ、そちらは基本的に大学一年生が通読できることを想定して書いた本ですので、中高生の方を主な対象とするこの本よりはやや難易度は高いです。今チャレンジするより、大学に入ってから手に取っていただくのもよいかもしれません。

いずれにしても、この章での議論を踏まえると、実は戦争の出口の姿に正解というものはない、ということが分かります。

「将来の危険」を取り除くことを重視すれば、「現在の犠牲」を払わなければなりませんし、逆に「現在の犠牲」を避けたいのなら、「将来の危険」と共存しなければならないからです。今わたしたちが北朝鮮の核兵器の脅威と向き合わなければならないのも、一九五〇年代に国連軍・韓国軍側がその当時の「現在の犠牲」を回避したことのツケ、ともいえるわけです。

ただそのなかで、「現在の犠牲」をためらうあまり、「将来の危険」を実際よりも小さいと誤解して軽々しく妥協をおこない、その結果短期間で戦争が再開されたり、逆に「将来の危険」を実際よりも大きいと誤解して、不必要な「現在の犠牲」を生んだりするような戦争終結は、失敗であるといえるでしょう。

第八章　人類はまた大戦争を引き起こすのか

アメリカは「世界の警察官」をやめた

一九八九年に冷戦の終結が宣言され、一九九一年にはソ連がなくなると、アメリカだけが飛び抜けて強い、アメリカ一強あるいは「アメリカ一極」の世界が訪れました。

ところが二〇〇一年に9・11同時多発テロ事件が起こり、アメリカが「テロとの戦い」に踏み出すなど、世界は再び緊張に包まれます。同年、アメリカなどの有志連合は、アフガニスタンのタリバン政権がテロリストをかくまっているとしてアフガニスタンを攻撃し、タリバン政権を倒しました。また、イラクのフセイン体制が大量破壊兵器を隠し持っており、テロリストの手にわたる危険があるとして、二〇〇三年にイラクを攻撃して、フセイン体制を打倒しました。

アメリカはアフガニスタンやイラクがテロの巣となることがないように、軍を駐留させたうえで、新しい国づくりに手を貸そうとします。しかし、アフガニスタンやイラクに駐留するアメリカ軍に対しては、反対勢力からの攻撃が続きました。また、フセイン体制が大量破壊兵器を保有しているというのは、まちがいだったことも分かりました。アメリカ軍は二〇一一年にイラクから、二〇二一年にはアフガニスタンからも完全に撤退します。アフガニスタンではタリバン政権が復活し、アメリカなどが二〇年間取り組んできた新しい国づくりは失敗に終わりました。

第二次世界大戦後、アメリカは「世界の警察官」と呼ばれ、同盟国やそれ以外の地域の安全にも積極的に関わってきました。しかし、アフガニスタンやイラクでの長い戦争によって、アメリカは疲れ果ててしまったようです。二〇一三年にアメリカのオバマ大統領は「アメリカは世界の警察官ではない」と宣言し、次のトランプ大統領も「アメリカ第一」を掲げました。

帝国の復活?——西のウクライナ、東の台湾

その間、中国が経済的に力をつけ、軍事力も増強させていきました。中国は周りの国ぐにに圧力をかけ、たとえば日本とのあいだでは日本の領土である尖閣《せんかく》諸島を自分たち

の領土だと主張し、周辺の海に船を繰り出すなどして、日本への嫌がらせを続けています。

また、南シナ海の大部分を自分のものだと言い始め、東南アジアの国ぐにともトラブルになっています。二〇一〇年に中国の楊潔篪《ようけつち》外相は東南アジアの国ぐにとの会議でこう言い放ちました。「中国は大国であり、あなた方は小国だ、それは厳然たる事実だ」と。

さらに、中国の習近平国家主席は、台湾に侵攻することもありうると堂々と述べています。第五章の冷戦の始まりのところで説明したように、一九四九年に中国共産党が中国国民党との内戦に勝利して中華人民共和国を建国した際、国民党の中華民国は台湾に逃れました。その後台湾は今日まで、中国の支配を受けず、選挙で自分たちの指導者を選ぶなどしてやってきました。ところが中国は台湾の主権を認めておらず、中国からすると、台湾を無理やりにでも併合することで、中国統一が完成する、との考えです。

中国への警戒感が高まるなか、二〇二二年にロシアがウクライナへの侵略を開始しました。プーチン大統領は、ウクライナはロシアの勢力が及ぶべき範囲だ、と主張しています。ロシアは自分たちの行動を自衛権にもとづくものだとしていますが、とても受け入れられる話ではありません。

もしロシアがウクライナを完全に制圧することになり、これに加えて中国による台湾侵攻まで許せば、世界のすべての国同士で対等な関係に立ち、戦争は認められないとする、現代の「主権」国家システムが崩れてしまうことになります。かつていくつもの地域やさまざまな民族を強制的にまとめて支配した、「帝国」の時代が復活することになりかねません。

一方、ロシアによるウクライナ侵略をやめさせるため、アメリカがウクライナに軍を派遣してロシア軍と戦闘するようなことになれば、第三次世界大戦になってしまいます。また、中国が台湾に侵攻した場合、アメリカ軍が台湾防衛にかけつけると想定すると、アメリカ軍と中国軍が直接対決することになります。北朝鮮の動きと連動することもありえるでしょう。西のウクライナ、東の台湾をめぐる紛争は、大戦争の発火点となる危険があるのです。

戦争を防ぎ、終わらせるためには

ロシアや中国が力による一方的な現状変更をおこなおうとするのを、グループ全体で侵略をやめさせる、国連による「集団安全保障」でとめることはほぼ不可能です。両国が国連安保理常任理事国として拒否権を持っているからです。

集団安全保障が機能しないとしたら、国ぐにのあいだの力のバランスを保つことで帝国ができるのを防ぐ「勢力均衡」で対応していくことが考えられます。実際にロシアによる東ヨーロッパへの勢力拡張に対しては、主にアメリカやEU・イギリスなどがウクライナ側に立ってロシアを抑え込もうとしてきました。また中国に対しても、アメリカ、日本、オーストラリア、インドによる「QUAD《クアッド》」という協力の枠組みなどがつくられています。

アメリカが、一昔前までのように世界の問題に関与できなくなる分、「同盟のジレンマ」のなかでアメリカは「巻き込まれ」を恐れ、同盟国が「見捨てられ」を恐れることになるといえます。アメリカ以外の日本などの国ががんばらなければならない割合が増えてきているわけです。

たしかに、一九世紀ヨーロッパ流の勢力均衡が失敗し、「安全保障のジレンマ」の極限状態である「脆弱性《ぜいじゃくせい》による戦争」として第一次世界大戦が起こったことを振り返ると、これまでのアメリカなどによる動きが心配になるかもしれません。

合理的に考えて自国の安全を高めることになるはずの選択が、相手国にも安全のための合理的な対抗措置をとらせ、結果的にお互いの安全を低下させることになる。さらに、相手に対し手を出さなければ弱みを抱える自分がやられるという恐怖から、戦争に入っていかざるをえなくなる、ということでしたね（ピンとこなかった人は第三章を見直してみましょう！）。

しかし、ロシアや中国の動きは「脆弱性」というより、チャンスがあれば積極的に打って出ようとする「機会主義」にもとづいているとみることができます。とすると、ここで思い出すべきなのは「ミュンヘンの教訓」ということになります。一度でも侵略者の言いなりになってしまえば、さらなる侵略を誘発するだけになるという教訓です。

今求められているのは、ロシアや中国が怖がって先に手を出してこないようにするために、これらの国ぐにを安心させる「安心供与」や、さらにこれらの国ぐにを宥《なだ》め、その言い分を聞く「宥和《ゆうわ》」ではなく、脅しをかけてでもこれらの国ぐにの行動を抑え止《とど》める「抑止」だと考えられるのです。

一方、ロシアも中国も核兵器保有国ですので、核を撃てば核で撃ち返すと脅すことで相手の核攻撃を抑止する「核抑止」を確保し、これらの国ぐにの核兵器使用を封じる必要があります。ここには同盟国などへの「拡大抑止」も含まれます。そのうえで、「安定・不安定のパラドックス」、すなわち核の撃ち合いになる可能性が下がる反面、限定的な紛争が起きやすくなる事態に対応するため、通常戦力で力のバランスをとることも求められるでしょう。

今も続いているロシア・ウクライナ戦争は、ロシアが強迫観念じみた「将来の危険」を重視して「紛争原因の根本的解決」にこだわり、これに対しウクライナが抵抗を続ける限り、終わりはみえません。「戦争終結のジレンマ」のなかで、ロシアが「現在の犠牲」に耐えかねて「妥協的和平」に傾くことが望ましいのですが、現実にはなかなか厳しい状況です。ただ、ウクライナや西側が「現在の犠牲」を避けようとして軽々に「妥協的和平」に進んでしまうと、力による一方的な現状変更が許されるという「将来の危険」に、世界全体がさらされることになるといえます。

イスラエル・ガザ紛争については、イスラエルがあくまで「紛争原因の根本的解決」にこだわり、戦闘を再開する可能性も考えられます。その場合、もし紛争がイスラエルとガザのあいだのものにとどまらず、ハマスの背後にいる地域大国イランと、イスラエルを支援する立場にあるアメリカとの戦いにエスカレートすれば、世界はさらなる混乱の渦に巻き込まれていくことになるかもしれません。

日本は無関係ではいられない

ここまで述べたように、今世界は冷戦終結以来の危機のなかにあります。東ヨーロッパと中東では紛争が火を吹きました。明日は東アジアかもしれません。なおかつ、それらが第三次世界大戦に発展しないとは言いきれないのです。

こうしたなか、平和を守るため、日本はどのような役割を果たすべきでしょうか。第二次世界大戦後の日本は、戦争を放棄し、戦力を持たないとする憲法九条を掲げてきました。たしかに、今から一〇〇年近く前に日本自身が機会主義的戦争をしかけていった歴史は、この本でもみたように重たい事実です。

しかし、これからは単に「平和」を唱えるだけではなく、「直観に反する理屈」だらけの複雑な世界のありようを理解したうえで、平和を実現するための具体的な努力をおこなっていくことが重要なのではないでしょうか。

世界の国ぐにの力関係によって、平和が保てたり、逆に戦争になったりするわけですが、日本はそこから無関係ではいられません。場合によっては、日本の決断が、世界の力関係を大きく左右する場面も出てくるかもしれないのです。

「はじめに」でも述べましたが、簡単に戦争が起こってしまうような世の中にしないために、わたしたち一人ひとりが世界の力関係についてしっかりと理解し、考えていくことが大切です。この本を通じて、皆さんにとって世界の力関係が少しでもみえやすくなった部分があったとしたら、著者として幸いです。最後まで読んでくださってありがとうございました。

あとがき

この本で書いた内容は、大学の講義で言うと「国際政治学」にあたります。

普通、国際政治学の講義では、国ぐにのあいだの対立に着目する「リアリズム」と、協調を重視する「リベラリズム」の話から始まることが多いのですが、この本ではあえてそのようなかたちはとりませんでした。「理論としての美しさの競い合い」が話の中心になってしまい、中高生の皆さんから敬遠されるのではないかと心配するからです。ただ、読みやすさを重視した結果、かなり「リアリズム」寄りの内容になってしまいました。この点はご了承ください。

また、話が複雑になりすぎないように、専門用語や基本的な概念についてはかなりしぼって書きました。「秩序」「覇権」「イデオロギー」「民主主義」「ウェストファリア体制」など、重要語句でもあえて外したものもあります。歴史の解釈についても、本当はこの本で書いたストーリーほどは単純ではないことも申し添えておきます。

わたし自身は、戦後日本の安全保障が専門で、加えて戦争終結論を副専攻としている研究者ですが、いつか国際政治に関する入門的なテキストを書いてみたいと以前から漠然と願っていました。そんなとき、執筆の声をかけてくださったのが、当時ちくまプリマー新書編集長だった橋本陽介さんでした。

橋本さんからは、中高生の方向けの本を書いてほしいというご注文でしたので、これまで主に学術書や、大学生以上の方向けの教養新書を書いてきたわたしにとって少々チャレンジングでしたが、「自分が中高生のときにこういう本に出会っていたらよかっただろうな」というようなことをイメージしながら執筆していますと、なかなかエキサイティングな作業になりました。娘と、二人の息子も、そのうち本書を手にとってくれると期待しています。

このような貴重な機会を与えてくださった橋本さんと、本書を世に送り出していただいた藤岡美玲現編集長に感謝します。

本書の一部は、非常勤講師として青山学院大学で一年生（数百名の受講生のうち、ほとんどは理系の学生でした）向けに講義した内容をかみくだいたものですので、中高生の方向けの本とはいえ、内容自体はその水準にあります。青山学院大学での仕事をご紹介してくださった同大学元副学長の土山實男《つちやまじつお》先生に感謝申し上げたいと思います。

また、本書の内容を読み返してみますと、学生時代に村田晃嗣《むらたこうじ》先生や永山博之《ながやまひろゆき》先生、故林敏彦《はやしとしひこ》先生、また多くの先生方によるご講義ではじめて触れたものがいくつも含まれていたことに気がつきました。筆者に学問の面白さを教えてくださった先生方のご指導に御礼申し上げます。

なお、本書を、同じちくまプリマー新書のラインナップである鶴岡路人《つるおかみちと》著『はじめての戦争と平和』(二〇二四年)と併読していただくと、より理解が進むと思います。

最後に、世界中で戦火がやみ、子供たちの世代が安心して暮らせる世の中になることを心から願います。

千々和《ちぢわ》泰明《やすあき》

二〇二五年一月

出口治明『「全世界史」講義――教養に効く！人類5000年史II 近世・近現代編』新潮社、2016年
ジョセフ・S・ナイ・ジュニア、デイヴィッド・A・ウェルチ（田中明彦・村田晃嗣訳）『国際紛争――理論と歴史［原著第10版］』有斐閣、2017年
ハリー・ヒンズリー（佐藤恭三訳）『権力と平和の模索――国際関係史の理論と現実』勁草書房、2015年
S・C・M・ペイン（荒川憲一監訳・江戸伸禎訳）『アジアの多重戦争1911―1949――日本・中国・ロシア』みすず書房、2021年
船橋洋一『地経学とは何か』文春新書、2020年
マイケル・C・ホロウィッツ、ローレン・カーン、ローラ・レズニック・サモティン「AIをいかに戦力に取り込むか――未来の戦力をどう評価する」『フォーリン・アフェアーズ・リポート』2022年No. 6（2022年6月）
ウィリアム・H・マクニール（佐々木昭夫訳）『疫病と世界史』（上）（下）中公文庫、2007年
山本健『ヨーロッパ冷戦史』ちくま新書、2021年
アンドリュー・J・ロッター（川口悠子・繁沢敦子・藤田怜史訳）『原爆の世界史――開発前夜から核兵器の拡散まで』ミネルヴァ書房、2022年
マーティン・ワイト（佐藤誠・安藤次男・龍澤邦彦・大中真・佐藤千鶴子訳）『国際理論――三つの伝統』日本経済評論社、2007年
Correlates of War, National Material Capabilities（v6.0）https://correlatesofwar.org/data-sets/national-material-capabilities/
Maddison Historical Statistics https://www.rug.nl/ggdc/historicaldevelopment/maddison/original-maddison
Richard Little, *The Balance of Power in International Relations: Metaphors, Myths and Models*（Cambridge: Cambridge University Press, 2007）
Michael Mandelbaum, *The Nuclear Revolution: International Politics before and after Hiroshima*（Cambridge: Cambridge University Press, 1981）
Janice Gross Stein, "The Security Dilemma in the Middle East," Bahgat Korany, Paul Noble, Rex Brynen eds., *The Many Faces of National Security in the Arab World*（Palgrave Macmillan, 1993）

主要参考文献

石井修「ニクソン政権の核戦略」『一橋法学』13巻1号（2014年3月）
市川浩『冷戦と科学技術――旧ソ連邦1945―1955年』ミネルヴァ書房、2007年
兼原信克『安全保障戦略』日本経済新聞出版、2021年
ヘンリー・A・キッシンジャー（岡崎久彦監訳）『外交』（上）（下）日本経済新聞社、1996年
ヘンリー・キッシンジャー（伏見威蕃訳）『国際秩序』日本経済新聞出版社、2016年
ゴードン・A・クレイグ、アレキサンダー・L・ジョージ（木村修三・五味俊樹・高杉忠明・滝田賢治・村田晃嗣訳）『軍事力と現代外交――現代における外交的課題［原著第4版］』有斐閣、2009年
斎藤元秀『ロシアの対日政策（上）――帝政ロシアからソ連崩壊まで』慶應義塾大学出版会、2018年
トーマス・シェリング（河野勝監訳）『紛争の戦略――ゲーム理論のエッセンス』勁草書房、2008年
高坂正堯『古典外交の成熟と崩壊』中央公論社、1978年
高坂正堯「地政学者マッキンダーに見る20世紀前半の権力政治」高坂正堯著作集刊行会編『高坂正堯著作集 第7巻』都市出版、2000年
後醍院良正編『失はれし政治 近衛文麿公の手記』朝日新聞社、1946年
ジャレド・ダイアモンド（倉骨彰訳）『銃・病原菌・鉄――1万3000年にわたる人類史の謎』（上）（下）草思社、2012年
千々和泰明『戦争はいかに終結したか――二度の大戦からベトナム、イラクまで』中公新書、2021年
千々和泰明『戦後日本の安全保障――日米同盟、憲法9条からNSCまで』中公新書、2022年
千々和泰明『日米同盟の地政学――「5つの死角」を問い直す』新潮選書、2024年
土山實男『安全保障の国際政治学――焦りと傲り［第2版］』有斐閣、2014年
出口治明『「全世界史」講義――教養に効く！人類5000年史Ⅰ 古代・中世編』新潮社、2016年

chikuma primer shinsho

ちくまプリマー新書 492

世界《せかい》の力関係《ちからかんけい》がわかる本《ほん》　帝国《ていこく》・大戦《たいせん》・核抑止《かくよくし》

二〇二五年五月十日　初版第一刷発行

著者　千々和泰明（ちぢわ・やすあき）

装幀　クラフト・エヴィング商會

発行者　増田健史

発行所　株式会社筑摩書房
東京都台東区蔵前二－五－三　〒一一一－八七五五
電話番号　〇三－五六八七－二六〇一（代表）

印刷・製本　株式会社精興社

ISBN978-4-480-68521-6 C0231 Printed in Japan